# FP技能検定 ＜実技試験＞
# 3級完全攻略問題集

井上行忠・森谷智子・酒井翔子 [著]

創 成 社

# はしがき

　本書は，(一般社団法人) 金融財政事情研究会と (NPO法人) 日本FP協会が実施する国家試験「3級ファイナンシャル・プランニング技能士」(3級FP技能士) のFP技能検定3級 (実技試験) である金融財政事情研究会 (個人資産相談業務・保険顧客資産相談業務) および日本FP協会 (資産設計提案業務) の過去2回の試験問題を分析し，効率的に試験問題の傾向と対策に取り組めるように内容を構成しており，詳細な解答・解説を行い作成されています。

　本書は，FP技能検定試験をはじめて学ぶ初学者および経験者が合格点を取るために必要最低限の重要事項を簡潔に説明した問題集です。FP技能検定3級試験は，重要事項が毎回同様のパターンで出題される傾向があるため，過去問題を数多く解答することによって重要事項である内容を網羅することができます。

　資格取得にとって重要なことは，反復練習により試験問題の「出題内容を読みとる」「問題を整理する」「計算を正確に行う」ためのトレーニングを積み重ねることです。数多くの問題を解答し慣れることが合格への近道となります。初学者および経験者に本書が有効に活用され，国家試験合格へのパスポートを手に入れられることを心よりお祈り申し上げます。

　本書の上梓に際しては，(株)創成社社長の塚田尚寛氏のご厚情，編集・校正でお世話になった出版部の方々のご厚情に対して謝意を表します。

2016年10月

井上行忠

# 目　次

はしがき

## 第1章　ライフプランニングと資金計画／相続・事業承継 ── 1
第1回（個人資産相談業務（金融財政事情研究会））……………………2
第2回（保険顧客資産相談業務（金融財政事情研究会））…………………14
第3回（資産設計提案業務（日本ファイナンシャルプランナーズ協会））……25
**解答・解説**（第1回〜第3回）　33

## 第2章　リスク管理／金融資産運用 ── 43
第1回（個人資産相談業務（金融財政事情研究会））……………………44
第2回（保険顧客資産相談業務（金融財政事情研究会））…………………49
第3回（資産設計提案業務（日本ファイナンシャルプランナーズ協会））……58
**解答・解説**（第1回〜第3回）　73

## 第3章　タックスプランニング／不動産 ── 83
第1回（個人資産相談業務（金融財政事情研究会））……………………84
第2回（保険顧客資産相談業務（金融財政事情研究会））…………………94
第3回（資産設計提案業務（日本ファイナンシャルプランナーズ協会））……99
**解答・解説**（第1回〜第3回）　112

第1章

# ライフプランニングと資金計画／相続・事業承継

## 第1回 問題 個人資産相続業務（金融財政事情研究会）

【第1問】次の設例に基づいて，下記の各問（《問1》～《問3》）に答えなさい。

（2016年5月 第1問）

―《設 例》―

X社に勤務するAさん（50歳）は，妻Bさん（51歳）および長女Cさん（19歳）との3人暮らしである。Aさんは，50歳になったことを機に自分と家族の将来について具体的に考えるようになった。Aさんは，60歳でX社を定年退職する予定であり，退職した後の老後の資金を準備する方法について知りたいと思っている。また，長女Cさんが今年20歳になり，国民年金への加入義務が生じることになるため，Aさんは，国民年金についても知りたいと考えている。そこで，Aさんは，ファイナンシャル・プランナーのMさんに相談することにした。

Aさんおよびその家族に関する資料は，以下のとおりである。

〈Aさんおよびその家族に関する資料〉

(1) Aさん（会社員）

生年月日：昭和40年11月23日
厚生年金保険，全国健康保険協会管掌健康保険，雇用保険に加入している。

〔公的年金の加入歴（見込みを含む）〕

| 昭和60年11月 | 昭和63年4月 | 平成28年5月 | 平成37年11月 |
|---|---|---|---|
| 国民年金<br>任意未加入期間<br>29月 | 厚生年金保険<br>被保険者期間<br>337月 | 厚生年金保険<br>被保険者期間<br>114月（加入見込み） | |
| 20歳 | 22歳 | 50歳 | 60歳 |

(2) 妻Bさん（専業主婦）

生年月日：昭和40年3月31日

高校卒業後から25歳でAさんと結婚するまでは厚生年金保険に加入。結婚後は第3号被保険者として国民年金に加入している。

(3) 長女Cさん（大学生）

生年月日：平成8年7月8日

※妻Bさんは，現在および将来においても，Aさんと同居し，生計維持関係にあるものとする。

※Aさん，妻Bさんおよび長女Cさんは，現在および将来においても，公的年金制度における障害等級に該当する障害の状態にないものとする。

※上記以外の条件は考慮せず，各問に従うこと。

《問1》 Mさんは，長女Cさんの国民年金への加入について説明した。Mさんが，Aさんに対して説明した以下の文章の空欄①～③に入る語句の組合せとして，次のうち最も適切なものはどれか。

「長女Cさんは，原則として，20歳に達した日から国民年金に（ ① ）として加入することになり，国民年金の保険料の納付が義務づけられます。ただし，大学生である長女Cさんについては，（ ② ）の所得が一定以下の場合には，学生納付特例制度を利用することにより，在学中の国民年金の保険料の納付が猶予されます。この制度を利用して納付が猶予された保険料は，所定の手続により，（ ③ ）前まで遡って追納することができますが，保険料を追納しなかった場合，納付が猶予された期間は，老齢基礎年金の年金額の計算の対象となる月数には算入されません」

1）① 第1号被保険者　　② Aさん（世帯主）　　③ 5年
2）① 第3号被保険者　　② Aさん（世帯主）　　③ 10年
3）① 第1号被保険者　　② 長女Cさん（被保険者本人）　　③ 10年

《問2》 Mさんは，Aさんが60歳でX社を定年退職し，その後再就職等をしない場合におけるAさんの将来の公的年金の給付等について説明した。MさんのAさんに対する説明として，次のうち最も不適切なものはどれか。

1）「Aさんには特別支給の老齢厚生年金は支給されず，老齢基礎年金および老齢厚生年金の支給開始年齢は，原則として65歳となります」
2）「Aさんが60歳到達日以降に老齢基礎年金および老齢厚生年金の繰上げ支給の請求をした場合，老齢基礎年金の年金額は繰上げ1カ月当たり0.5％減額され，老齢厚生年金の年金額は繰上げ1カ月当たり0.7％減額されます」
3）「Aさんには国民年金の任意未加入期間がありますが，定年退職後から65歳になるまでの間，その任意未加入期間に相当する月数について，国民年金に任意加入して保険料を納付した場合，老齢基礎年金の年金額を増額させることができます」

《問3》 Aさんが，60歳になるまでの10年間にわたって，年利1％で複利運用しながら毎年200万円を積み立てたうえで，この積立による10年後の元利合計金額を，60歳から5年間にわたって，年利1％で複利運用しながら毎年均等に取り崩して受け取る場合における毎年の受取金額は，次のうちどれか。なお，計算にあたっては下記の係数を用いることとし，〈答〉は万円未満を四捨五入して万円単位とする。また，税金や手数料等は考慮しないものとする。

〈資料〉利率（年率）1％の諸係数早見表

| 期　間 | 終価係数 | 年金終価係数 | 資本回収係数 |
| --- | --- | --- | --- |
| 5年 | 1.0510 | 5.1010 | 0.2060 |
| 10年 | 1.1046 | 10.4622 | 0.1056 |

1）410万円
2）431万円
3）455万円

【第2問】次の設例に基づいて，下記の各問（《問1》～《問3》）に答えなさい。
（2016年5月　第5問）

―――――――《設　例》―――――――

　Aさん（75歳）は，先日友人が急逝したことを機に，自身の相続について考えるようになった。Aさんには妻Bさん（72歳）との間に長女Cさん，長男Dさん（48歳）および二女Eさん（42歳）の3人の子がいるが，長女Cさんは平成22年に死亡し，長男Dさんおよび二女Eさんはそれぞれ独立している。Aさんは，自身の相続が開始した際には家族に財産を円満に承継してもらいたいと考えており，遺言書の作成を検討している。また，Aさんは，所有している甲賃貸アパートおよび加入している下記の生命保険契約について，相続時の取扱いを知りたいと考えている。
　Aさんの親族関係図および主な財産の状況等は，以下のとおりである。

〈Aさんの親族関係図〉

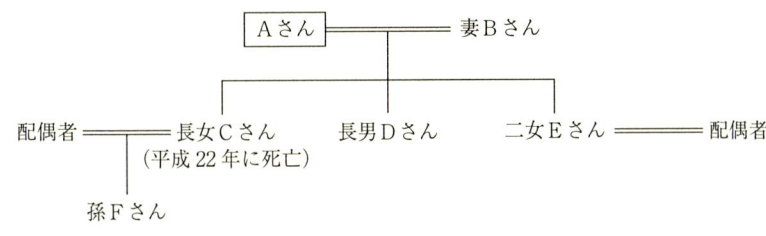

〈Aさんの主な財産の状況（相続税評価額）〉
　・預貯金　　　　　　　　　：2,500万円
　・有価証券　　　　　　　　：4,000万円
　・自宅の敷地　　　　　　　：9,000万円
　・自宅の家屋　　　　　　　：1,100万円
　・甲賃貸アパートの敷地：8,000万円
　・甲賃貸アパートの家屋：1,500万円

〈Aさんが加入している生命保険契約に関する資料〉
　保険の種類　　　　　　　　　　：終身保険
　契約者（＝保険料負担者）・被保険者：Aさん
　死亡保険金受取人　　　　　　　：妻Bさん
　死亡保険金額　　　　　　　　　：3,000万円

※上記以外の条件は考慮せず，各問に従うこと。

《問1》民法上の遺言に関する次の記述のうち，最も不適切なものはどれか。

1）自筆証書遺言は，遺言者が，その遺言の全文，日付および氏名を自書し，これに押印して作成するものであり，パソコンで作成した場合，その遺言書は無効となる。

2）公正証書遺言は，遺言者が，公証役場において遺言の趣旨を公証人に口授し，公証人がそれを筆記して作成する遺言であり，作成にあたっては証人の立会いは不要である。

3）公正証書遺言は，相続開始後に家庭裁判所における検認は不要であるが，自筆証書遺言は，相続開始後に家庭裁判所における検認が必要である。

《問2》 Aさんの相続が現時点（平成28年5月22日）で開始した場合の相続税に関する以下の文章の空欄①～③に入る語句の組合せとして，次のうち最も適切なものはどれか。

ⅰ）Aさんの相続における遺産に係る基礎控除額は，「3,000万円＋（①）×法定相続人の数」の算式により算出される。

ⅱ）妻BさんがAさんの相続により財産を取得した場合，妻Bさんが設例の生命保険から受け取る死亡保険金のうち，「（②）×法定相続人の数」の算式により算出された金額が，相続税の非課税財産となる。

ⅲ）Aさんが所有している甲賃貸アパートの敷地は，Aさんの相続税の課税価格の計算において貸家建付地として評価され，その相続税評価額は「自用地としての評価額－自用地としての評価額×（③）」の算式により算出される。

1) ① 600万円　② 300万円　③ 借地権割合×賃貸割合
2) ① 1,000万円　② 500万円　③ 借地権割合×賃貸割合
3) ① 600万円　② 500万円　③ 借地権割合×借家権割合×賃貸割合

《問3》 仮に，Aさんの相続が現時点（平成28年5月22日）で開始し，Aさんの相続における課税遺産総額（「課税価格の合計額－遺産に係る基礎控除額」）が1億5,000万円であった場合の相続税の総額は，次のうちどれか。

1) 2,525万円
2) 2,650万円
3) 4,300万円

〈資料〉相続税の速算表（一部抜粋）

| 法定相続分に応ずる取得金額 | 税　率 | 控除額 |
|---|---|---|
| 万円超　　　万円以下 | | |
| ～　1,000 | 10% | － |
| 1,000 ～　3,000 | 15% | 50 万円 |
| 3,000 ～　5,000 | 20% | 200 万円 |
| 5,000 ～ 10,000 | 30% | 700 万円 |
| 10,000 ～ 20,000 | 40% | 1,700 万円 |
| 20,000 ～ 30,000 | 45% | 2,700 万円 |

【第3問】次の設例に基づいて，下記の各問（《問1》～《問3》）に答えなさい。

(2016 年 1 月　第 1 問)

―――《設　例》―――

個人事業主のAさん（48歳）は，妻Bさん（47歳）との2人暮らしである。Aさんは，最近，老後の生活について考えるようになり，その前提として，公的年金制度について理解したうえで老後資金を準備するための方法を知りたいと考えている。そこで，Aさんは，ファイナンシャル・プランナーのMさんに相談することにした。

Aさんおよび妻Bさんに関する資料は，以下のとおりである。

〈Aさんおよび妻Bさんに関する資料〉

(1) Aさん（個人事業主）

　生年月日：昭和 42 年 9 月 19 日

　〔公的年金の加入歴（見込みを含む）〕

| 昭和 61 年 4 月　平成 5 年 4 月 | | 平成 28 年 1 月　平成 39 年 9 月 |
|---|---|---|
| 厚生年金保険被保険者期間 84 月 | 国　民　年　金<br>保険料納付済期間：237 月<br>保険料全額免除期間：36 月（平成7年7月～平成10年6月） | 国民年金<br>（保険料納付予定）<br>140 月 |
| 18 歳　　　　　　25 歳 | | 48 歳　　　　　　60 歳 |

(2) 妻Bさん（専業主婦）

生年月日：昭和43年11月8日
20歳から国民年金に加入。平成7年7月から平成10年6月までの保険料全額免除期間を除き，保険料を納付している。

※妻Bさんは，現在および将来においても，Aさんと同居し，生計維持関係にあるものとする。
※Aさんおよび妻Bさんは，現在および将来においても，公的年金制度における障害等級に該当する障害の状態にないものとする。

※上記以外の条件は考慮せず，各問に従うこと。

《問1》Mさんは，Aさんが60歳に達するまで国民年金の保険料を納付した場合の老齢基礎年金の年金額を試算した。Aさんが原則として65歳から受給することができる老齢基礎年金の年金額を算出する計算式は，次のうちどれか。なお，老齢基礎年金の年金額は，平成27年10月時点の価額に基づいて計算するものとする。

1) $780,100 円 \times \dfrac{444 月 + 36 月 \times \dfrac{1}{3}}{480 月}$

2) $780,100 円 \times \dfrac{461 月 + 36 月 \times \dfrac{1}{3}}{480 月}$

3) $780,100 円 \times \dfrac{461 月 + 36 月 \times \dfrac{1}{2}}{480 月}$

《問2》Mさんは，公的年金制度について説明した。MさんのAさんに対する説明として，次のうち最も不適切なものはどれか。

1）「Aさんが60歳以上65歳未満の間に老齢基礎年金の繰上げ支給を請求する場合，その請求と同時に，老齢厚生年金の繰上げ支給を請求することになります」
2）「Aさんは，国民年金の定額保険料のほかに月額400円の国民年金の付加保険料を納付することにより，老齢基礎年金の受給時に，付加年金を受給することができます」
3）「Aさんが原則として65歳から受給することができる老齢厚生年金には，加給年金額が加算されます」

《問3》Mさんは，確定拠出年金について説明した。Mさんが，Aさんに対して説明した以下の文章の空欄①～③に入る語句の組合せとして，次のうち最も適切なものはどれか。

「老後の生活資金を準備する方法の1つとして，確定拠出年金制度の活用が挙げられます。確定拠出年金は，加入者自身が掛金の運用方法を選択し，その運用結果に基づく給付を受け取る年金制度です。国民年金の第1号被保険者であるAさんは，確定拠出年金の個人型年金に加入することができますが，掛金の限度額は月額（①）となり，掛金はその全額が（②）として所得控除の対象となります。また，60歳から老齢給付金を受給するためには通算加入者等期間が（③）以上あることが必要です」

1）① 6万8,000円　　② 社会保険料控除　　③ 5年
2）① 5万5,000円　　② 社会保険料控除　　③ 10年
3）① 6万8,000円　　② 小規模企業共済等掛金控除　　③ 10年

【第4問】次の設例に基づいて，下記の各問（《問1》～《問3》）に答えなさい。

(2016年1月　第5問)

《設 例》

Aさん（70歳）は，妻Bさん（68歳）との2人暮らしである。Aさん夫婦には長女Cさん（38歳）と二女Dさん（35歳）の2人の子がおり，Aさんは，平成27年中に，二女Dさん，孫Eさん（10歳）および孫Fさん（8歳）に対して現金の贈与を行っている。
　Aさんの親族関係図等は，以下のとおりである。

〈Aさんの親族関係図〉

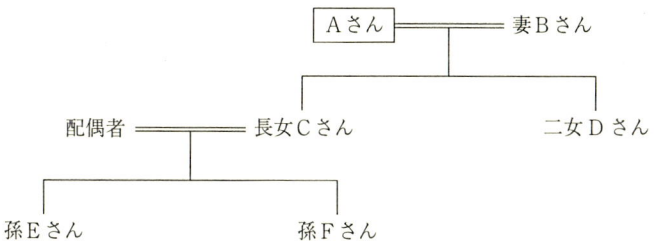

〈Aさんが平成27年中に行った贈与の内容〉
・二女Dさんに対して，平成27年6月に自動車の購入資金として現金500万円を贈与した。
・孫Eさんおよび孫Fさんに対して，平成27年3月に「直系尊属から教育資金の一括贈与を受けた場合の贈与税の非課税」の特例の適用を受けて，それぞれ現金500万円を贈与した。

※上記以外の条件は考慮せず，各問に従うこと。

《問1》「直系尊属から教育資金の一括贈与を受けた場合の贈与税の非課税」の特例に関する以下の文章の空欄①～③に入る語句の組合せとして，次のうち最も適切なものはどれか。

---

「直系尊属から教育資金の一括贈与を受けた場合の贈与税の非課税」の特例の適用を受けるためには，受贈者の年齢は，教育資金管理契約を締結する日において（①）未満でなければならない。また，この特例の適用を受けた場合，非課税拠出額の限度額は，受贈者1人につき（②）とされており，その非課税拠出額のうち，一定の教育資金に支出し，かつ，領収書等の提出により金融機関等に教育資金支出額として記録された部分が最終的に非課税となる。なお，学校等以外の者に教育に関する役務の提供の対価として直接支払われる金銭で一定のものに係る支出については，（③）を限度として非課税となる。

---

1）① 25歳　　② 1,500万円　　③ 1,000万円
2）① 30歳　　② 2,000万円　　③ 1,000万円
3）① 30歳　　② 1,500万円　　③ 500万円

《問2》二女Dさんが，平成27年中に，Aさんから受けた現金500万円の贈与について二女Dさんが納付すべき平成27年分の贈与税額は，次のうちどれか。なお，二女Dさんは相続時精算課税を選択せず，暦年課税を選択するものとする。また，二女Dさんはこれ以外の贈与を受けていないものとする。

1）（500万円 − 110万円）× 15% − 10万円 = 48万5,000円
2）500万円 × 20% − 30万円 = 70万円
3）（500万円 − 30万円 − 110万円）× 20% = 72万円

〈資料〉贈与税の速算表（特例贈与財産用・一部抜粋）

| 基礎控除後の課税価格 | | 税　率 | 控除額 |
|---|---|---|---|
| | 200万円以下 | 10% | － |
| 200万円超 | 400万円以下 | 15% | 10万円 |
| 400万円超 | 600万円以下 | 20% | 30万円 |

**《問3》贈与税の申告・納付に関する次の記述のうち，最も適切なものはどれか。**

1）贈与税の申告は，原則として，受贈者が，その納税地の所轄税務署長に対して行うこととされている。

2）贈与税の申告書は，原則として，贈与を受けた年の翌年2月1日から3月31日までに提出しなければならない。

3）贈与税は，贈与税の申告書を提出した日の翌日から6カ月以内に納付しなければならない。

# 第2回 問題 保険顧客資産相談業務（金融財政事情研究会）

【第1問】次の設例に基づいて，下記の各問（《問1》～《問3》）に答えなさい。

(2016年5月 第1問)

―― 《設 例》 ――

　会社員のAさん（49歳）は，妻Bさん（49歳），長男Cさん（19歳）および二男Dさん（14歳）との4人暮らしである。

　Aさんは，今年4月に長男Cさんが大学に入学したことを機に，生命保険の見直しを考えている。Aさんは，その前提として，自分が死亡した場合に公的年金制度から遺族給付がどのくらい支給されるのかを知りたいと思っている。また，公的医療保険制度の概要についても確認したいと考えている。

　そこで，Aさんは，懇意にしているファイナンシャル・プランナーのMさんに相談することにした。Aさんの家族構成等は，以下のとおりである。

＜Aさんの家族構成＞
Aさん　　：昭和41年8月10日生まれ
　　　　　　会社員（厚生年金保険・全国健康保険協会管掌健康保険に加入中）
妻Bさん　：昭和41年9月19日生まれ
　　　　　　国民年金に第3号被保険者として加入している。
長男Cさん：平成9年4月21日生まれ
二男Dさん：平成13年12月14日生まれ

＜公的年金加入歴（平成28年4月分まで）＞

```
            20歳    22歳                              49歳
Aさん       │ 国民年金  │      厚生年金保険            │
            │（未加入32月）│       （325月）              │

            18歳           27歳（Aさんと結婚）        49歳
妻Bさん     │ 厚生年金保険  │        国民年金            │
            │  （105月）    │        （268月）            │
```

※妻Bさんは，現在および将来においても，Aさんと同居し，生計維持関係にあるものとする。また，就業の予定はないものとする。
※家族全員，Aさんと同一の世帯に属し，Aさんの健康保険の被扶養者である。
※家族全員，現在および将来においても，公的年金制度における障害等級に該当する障害の状態にないものとする。

※上記以外の条件は考慮せず，各問に従うこと。

《問1》現時点（平成28年5月22日）においてAさんが死亡した場合，妻Bさんに支給される遺族基礎年金の年金額（年額）を算出する計算式は，次のうちどれか。なお，遺族基礎年金の年金額は，平成27年10月時点の価額に基づいて計算することとする。
1）780,100円 + 224,500円 + 224,500円
2）780,100円 + 224,500円 + 74,800円
3）780,100円 + 224,500円

《問2》Mさんは，現時点（平成28年5月22日）においてAさんが死亡した場合に妻Bさんに支給される遺族厚生年金の金額等について説明した。MさんのAさんに対する説明として，次のうち最も適切なものはどれか。

1)「遺族厚生年金の額は，原則として，Ａさんの厚生年金保険の被保険者期間を基礎として計算した老齢厚生年金の報酬比例部分の額の3分の2に相当する額になります」
2)「仮に，Ａさんの死亡後に妻Ｂさんが再婚した場合でも，妻Ｂさんは，Ａさんの死亡に係る遺族厚生年金を継続して受給することができます」
3)「二男Ｄさんの18歳到達年度の末日が終了すると，妻Ｂさんの有する遺族基礎年金の受給権は消滅し，その後の遺族厚生年金には中高齢寡婦加算額が加算されます」

《問3》Ｍさんは，公的医療保険制度についてアドバイスした。ＭさんのＡさんに対するアドバイスとして，次のうち最も適切なものはどれか。

1)「Ａさんに係る医療費の一部負担金の割合は，入院・外来を問わず，原則として，2割となります。最近では，入院日数の短期化が進んでいますので，医療保障を見直す際には，退院後の通院保障の有無を確認することをお勧めします」
2)「同一月に，同一医療機関等の窓口で支払った医療費の一部負担金等の額が自己負担限度額を超える場合は，所定の手続により，自己負担限度額を超えた額が高額療養費として支給されます」
3)「Ａさんが私傷病による療養のために，会社等での業務に3日以上連続して就くことができず，当該期間について事業主から報酬が支払われない場合は，所定の手続により，傷病手当金が休業4日目から1年間を限度として支給されます」

【第2問】次の設例に基づいて，下記の各問（《問1》～《問3》）に答えなさい。
(2016年5月　第5問)

― 《設　例》 ―

Ａさんは，平成28年4月27日に病気により80歳で死亡した。Ａさんの親族関係図等は，以下のとおりである。なお，二女Ｅさんは，Ａさんの相続開始前に死亡している。

<Aさんの親族関係図>

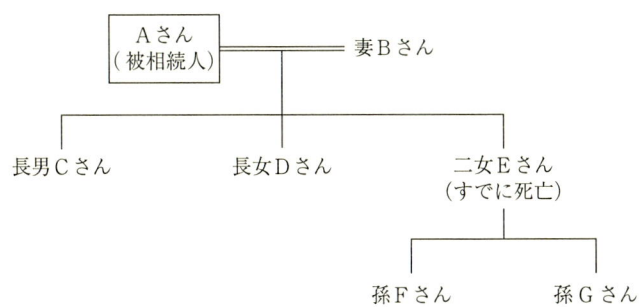

<Aさんが加入していた生命保険の内容>
保険の種類　　　　　　：一時払終身保険
死亡保険金額　　　　　：3,000万円
契約者（＝保険料負担者）：Aさん
被保険者　　　　　　　：Aさん
死亡保険金受取人　　　：妻Bさん

※上記以外の条件は考慮せず，各問に従うこと。

## 《問1》 Aさんに係る相続に関する以下の文章の空欄①～③に入る語句の組合せとして，次のうち最も適切なものはどれか。

i）Aさんの相続に係る法定相続人の数は（①）である。
ii）Aさんの相続における遺産に係る基礎控除額は，（②）である。
iii）妻Bさんが受け取った死亡保険金のうち，相続税の課税価格に算入される金額は（③）である。

1） ① 3人　　② 4,800万円　　③ 500万円
2） ① 5人　　② 6,000万円　　③ 500万円
3） ① 5人　　② 8,000万円　　③ 1,000万円

《問2》 Aさんの相続に係る課税遺産総額（「課税価格の合計額－遺産に係る基礎控除額」）が9,600万円であった場合の相続税の総額は，次のうちどれか。
1） 400万円
2） 1,300万円
3） 1,330万円

<資料>相続税の速算表（一部抜粋）

| 法定相続分に応ずる取得金額 |  | 税　率 | 控除額 |
| --- | --- | --- | --- |
| 万円超 | 万円以下 | | |
| | ～ 1,000 | 10% | － |
| 1,000 | ～ 3,000 | 15% | 50万円 |
| 3,000 | ～ 5,000 | 20% | 200万円 |

《問3》 配偶者に対する相続税額の軽減（以下，「本規定」という）に関する次の記述のうち，最も不適切なものはどれか。
1）「妻Bさんが本規定の適用を受けるためには，Aさんの相続開始時において，Aさんとの婚姻期間が20年以上でなければなりません」
2）「本規定の適用を受けた場合，相続税の課税価格の合計額に対する妻Bさんの法定相続分（1億6,000万円に満たないときは1億6,000万円）までの相続財産に対して，相続税はかかりません」
3）「本規定の適用を受けるためには，相続税の申告書に適用を受ける旨および計算に関する明細を記載した書類，その他の所定の書類を添付して，所轄税務署長に対してその申告書を提出する必要があります」

【第3問】次の設例に基づいて，下記の各問（《問1》～《問3》）に答えなさい。

(2016年1月　第2問)

――《設　例》――

　会社員のAさん（40歳）は，勤務先の社宅で専業主婦である妻Bさん（35歳）および長男Cさん（3歳）との3人暮らしである。Aさんは，平成28年3月に戸建て住宅を取得し，同月中に入居する予定である。

　Aさんは，住宅の購入にあたり，生命保険の見直しが必要であると感じており，昨年，長男Cさんの学資保険（こども保険）の加入時にお世話になった生命保険会社の営業担当者であるファイナンシャル・プランナーのMさんに相談することにした。

　Mさんは，生命保険を見直しする前に，必要保障額を正しく把握する必要があると考え，下記＜算式＞を基に，Aさんから必要な情報をヒアリングした。住宅購入後にAさんが死亡した場合の必要保障額を試算したところ，その額は5,200万円となった。

＜算式＞

| 必要保障額 ＝ 遺族に必要な生活資金等の総額 － 遺族の収入見込金額 |

○主なヒアリング項目
　・月間の日常生活費は30万円である。
　・長男Cさんは，大学（国立文系・自宅通学）まで進学予定である。
　・その他の条件は，各種データから平均値を入力し，必要保障額を試算した。

〈取得予定のマイホーム（戸建て）に関する資料〉
物件概要………3,000万円（取得価額），130㎡（土地の面積）
　　　　　　　　90㎡（建物の延床面積）
住宅ローン……返済期間30年，毎年の返済額120万円

（団体信用生命保険に加入予定）
〈Ａさんが現在加入している生命保険等（死亡保険金受取人はすべて妻Ｂさん）〉
こくみん共済（全労済）総合タイプ：死亡保険金額　400万円（病気死亡）
　　　　　　　　　　　　　　　　　　　　　　　　1,200万円（交通事故）
勤務先で加入している団体定期保険：死亡保険金額　1,000万円
学資保険（こども保険）　　　　　：Ａさん死亡後は保険料払込免除

※上記以外の条件は考慮せず、各問に従うこと。

《問1》はじめに、Ｍさんは、必要保障額の考え方についてアドバイスした。Ｍさんの Ａさんに対するアドバイスとして、次のうち最も不適切なものはどれか。

1）「必要保障額を大きく左右する項目として、住居費用が挙げられます。Ａさんが住宅ローンを利用して自宅を購入した後に死亡した場合、住宅ローン債務は団体信用生命保険の死亡保険金により弁済されるため、住宅ローンの残債務を遺族に必要な生活資金等の総額に含める必要はありません」

2）「遺族の収入見込金額を計算する際は、遺族基礎年金および遺族厚生年金の額について把握する必要があります。Ａさんの死亡後に妻Ｂさんが就業すると、妻Ｂさんの給与額に応じて、遺族給付の一部または全部が支給停止となる場合がありますので、注意してください」

3）「必要保障額の算出は、死亡保障が不足する事態を回避し、かつ、過剰な保険料支出を抑制するための判断材料となります。『妻Ｂさんの就職』『長男Ｃさんの進学』など、節目となるライフイベントが発生するタイミングで、必要保障額を再計算しましょう」

《問2》次に、Ｍさんは、生命保険の見直しについてアドバイスした。ＭさんのＡさんに対するアドバイスとして、次のうち最も不適切なものはどれか。

1）「必要保障額の算出結果とＡさんの現在加入する死亡保険金額を比較すると，死亡保険金額を増額する必要があると判断できます。仮に，死亡保障を増額される場合は，家計全体の収支バランスを考慮して，無理のない範囲内で検討してください」
2）「必要保障額は，通常，長男Ｃさんの成長とともに増加していきます。したがって，必要保障額に見合うように年金受取総額が逓増する収入保障保険に加入することも検討事項の１つとなるでしょう」
3）「必要保障額は，あくまでもＡさんが死亡した場合の保障額の計算となります。Ａさんが病気やケガ等で寝たきりや要介護状態となった場合は，Ａさんの収入が減少し，住宅ローンの支払に加え，介護費用や治療費等の負担も発生します。したがって，生命保険の見直しを行う際には死亡時のみではなく，介護保障の準備についても検討する必要があります」

《問３》 最後に，Ｍさんは，生命保険の商品性や特徴についてアドバイスした。ＭさんのＡさんに対するアドバイスとして，次のうち最も不適切なものはどれか。
1）「最近の医療環境においては，入院日数の短期化，治療費の高額化に加え，退院後の通院費用も増加傾向にあります。そのため，医療保障の準備を検討する際には，入院保障に加え，退院後の通院保障の有無，保障範囲も確認する必要があります」
2）「定期保険（特約）には，契約から10年・15年と保障期間を更新していく更新型と主契約の保険料払込期間を保障期間とする全期型の２通りがあります。更新型，全期型ともにメリット・デメリットがありますので，どちらのタイプがＡさんに適しているか，加入前に検討するようにしてください」
3）「最近では，障害状態となった場合に公的介護保険制度や身体障害者福祉法に連動して保険金が支払われる保険商品があります。これらの保険商品から支払われる保険金は，入院給付金等と異なり，一時所得として課税の対象となります」

【第4問】次の設例に基づいて，下記の各問（《問1》～《問3》）に答えなさい。
(2016年1月　第5問)

《設　例》

Aさんは，平成28年1月7日（木）に病気により72歳で死亡した。Aさんの親族関係図等は，以下のとおりである。なお，Aさんは，生前に自筆証書による遺言書を作成している。

＜Aさんの親族関係図＞

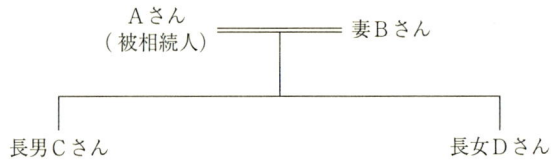

＜Aさんの相続財産（みなし相続財産を含む）＞
現金および預貯金……6,500万円
自宅（敷地300㎡）……1,000万円（「小規模宅地等についての相続税の課税価格
　　　　　　　　　　　　　　　　の計算の特例」適用後の相続税評価額）
自宅（建物）……………1,000万円（固定資産税評価額）
死亡保険金………………5,000万円（契約者（＝保険料負担者）・被保険者はAさ
　　　　　　　　　　　　　　　　ん，死亡保険金受取人は長男Cさん）

※上記以外の条件は考慮せず，各問に従うこと。

《問1》遺産分割および自筆証書遺言に関する次の記述のうち，最も不適切なものはどれか。
1）「配偶者に対する相続税額の軽減の規定の適用を受けるためには，相続税の申告期限までに相続財産のすべてが分割されていなければなりません」

2）「自筆証書による遺言書は，遺言者が，その全文，日付および氏名のすべてを自書し，これに押印する方式で作成されるものであり，パソコン等で作成されたものは無効となります」
3）「自筆証書による遺言書を発見した相続人は，相続の開始を知った後，遅滞なく，その遺言書を家庭裁判所に提出して，その検認を請求しなければなりません」

《問2》 Aさんに係る相続に関する以下の文章の空欄①～③に入る語句の組合せとして，次のうち最も適切なものはどれか。

> ⅰ）相続税の申告書の提出期限は，原則として（ ① ）である。
> ⅱ）Aさんの相続における遺産に係る基礎控除額は，（ ② ）である。
> ⅲ）長男Cさんが受け取った死亡保険金（5,000万円）のうち，相続税の課税価格に算入される金額は（ ③ ）である。

1）① 平成28年10月6日（木）　② 4,200万円　③ 3,500万円
2）① 平成28年11月7日（月）　② 4,200万円　③ 1,500万円
3）① 平成28年11月7日（月）　② 4,800万円　③ 3,500万円

《問3》 Aさんの相続に係る課税遺産総額（「課税価格の合計額－遺産に係る基礎控除額」）が7,200万円であった場合の相続税の総額は，次のうちどれか。
1）960万円
2）1,040万円
3）1,460万円

<資料>相続税の速算表(一部抜粋)

| 法定相続分に応ずる取得金額 | 税率 | 控除額 |
|---|---|---|
| 万円超　　　万円以下 | | |
| 　　　～　1,000 | 10% | － |
| 1,000　～　3,000 | 15% | 50万円 |
| 3,000　～　5,000 | 20% | 200万円 |
| 5,000　～　10,000 | 30% | 700万円 |

# 第3回 問題 資産設計提案業務（日本ファイナンシャル・プランナーズ協会）

【第1問】下記の（問1）・（問2）について解答しなさい。

（2016年5月　第6問）

## 問1

平成28年5月2日に相続が開始された佐野智之さん（被相続人）の＜親族関係図＞が下記のとおりである場合，民法上の相続人および法定相続分の組み合わせとして，正しいものはどれか。なお，記載のない条件については一切考慮しないこととする。

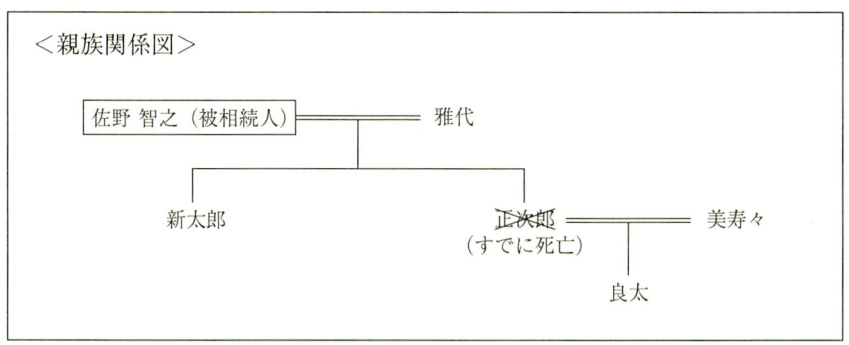

1. 雅代1／2　　新太郎1／2
2. 雅代1／2　　新太郎1／4　　良太1／4
3. 雅代2／3　　新太郎1／6　　良太1／6

## 問2

倉田壮さん（23歳）が平成27年中に贈与を受けた財産は以下のとおりである。倉田さんの平成27年分の贈与税額として，正しいものはどれか。なお，平成27年中において，倉田さんはこれ以外には贈与を受けていないものとする。また，倉田さんは相続時精算課税制度を選択していないものとする。

26 | 第1章　ライフプランニングと資金計画／相続・事業承継

・倉田さんの父からの贈与：現金 120 万円
・倉田さんの祖母からの贈与：現金 150 万円

<贈与税の速算表>
（イ）20 歳以上の者が直系尊属から贈与を受けた財産の場合

| 基礎控除後の課税価格 || 税率 | 控除額 |
|---|---|---|---|
| | 200 万円以下 | 10% | － |
| 200 万円超 | 400 万円以下 | 15% | 10 万円 |
| 400 万円超 | 600 万円以下 | 20% | 30 万円 |
| 600 万円超 | 1,000 万円以下 | 30% | 90 万円 |
| 1,000 万円超 | 1,500 万円以下 | 40% | 190 万円 |
| 1,500 万円超 | 3,000 万円以下 | 45% | 265 万円 |
| 3,000 万円超 | 4,500 万円以下 | 50% | 415 万円 |
| 4,500 万円超 | | 55% | 640 万円 |

（ロ）上記（イ）以外の場合

| 基礎控除後の課税価格 || 税率 | 控除額 |
|---|---|---|---|
| | 200 万円以下 | 10% | － |
| 200 万円超 | 300 万円以下 | 15% | 10 万円 |
| 300 万円超 | 400 万円以下 | 20% | 25 万円 |
| 400 万円超 | 600 万円以下 | 30% | 65 万円 |
| 600 万円超 | 1,000 万円以下 | 40% | 125 万円 |
| 1,000 万円超 | 1,500 万円以下 | 45% | 175 万円 |
| 1,500 万円超 | 3,000 万円以下 | 50% | 250 万円 |
| 3,000 万円超 | | 55% | 400 万円 |

1．16 万円
2．5 万円
3．1 万円

【第2問】下記の（問1）～（問3）について解答しなさい。

(2016年1月　第4問)

**問1**

　佐野哲也さんが加入している生命保険（下記＜資料＞参照）の保障内容に関する次の記述の空欄（ア）にあてはまる金額として，正しいものはどれか。なお，保険契約は有効に継続しているものとし，特約は自動更新されているものとする。また，哲也さんはこれまでに＜資料＞の保険から保険金および給付金を一度も受け取っていないものとする。

＜資料＞

| 保険証券記号番号 ○○△△××□□ | 定期保険特約付終身保険 | | |
|---|---|---|---|
| 保険契約者 | 佐野　哲也　様 | 保険契約者印 | ◇契約日（保険期間の始期）<br>　2002年2月1日<br>　（平成14年）<br>◇主契約の保険期間<br>　終身<br>◇主契約の保険料払込期間<br>　60歳払込満了 |
| 被保険者 | 佐野　哲也　様<br>契約年齢 27歳（男性） | (佐野) | |
| 受取人 | （死亡保険金）<br>佐野　智美　様（妻） | 受取割合<br>10割 | |

◆ご契約内容

| 終身保険金額（主契約保険金額） | 250万円 |
|---|---|
| 定期保険特約保険金額 | 1,000万円 |
| 特定疾病保障定期保険特約保険金額 | 300万円 |
| 傷害特約保険金額 | 100万円 |
| 災害入院特約［本人・妻型］入院5日目から　日額5,000円 | |
| 疾病入院特約［本人・妻型］入院5日目から　日額5,000円 | |
| 　不慮の事故や疾病により所定の手術を受けた場合，手術の種類に応じて手術給付金（入院給付金日額の10倍・20倍・40倍）を支払います。 | |
| 成人病入院特約　　　　入院5日目から　日額5,000円 | |
| リビングニーズ特約 | |

※妻の場合は，本人の給付金の6割の日額となります。

◆お払い込みいただく保険料

毎回　　××,×××円／月

［保険料払込方法（回数）］
団体月払い

◇社員配当金支払方法
　利息をつけて積立
◇特約の払込期間および保険期間
　10年

佐野哲也さんが，平成 27 年中に交通事故で死亡（即死）した場合に支払われる死亡保険金は，合計（ア）である。

1．1,250 万円
2．1,350 万円
3．1,650 万円

## 問 2

北村敬さんが加入している医療保険（下記＜資料＞参照）の保障内容に関する次の記述の空欄（ア）にあてはまる金額として，正しいものはどれか。なお，保険契約は有効に継続しているものとし，敬さんはこれまでに＜資料＞の保険から保険金および給付金を一度も受け取っていないものとする。

＜資料＞

| 保険種類　医療保険（無配当） | | 保険証券記号番号　△△△－××××　 |
|---|---|---|
| 保険契約者 | 北村　敬　様 | ご印鑑　　　　◆契約日 |
| 被保険者 | 北村　敬　様<br>契約年齢 28 歳　男性 | 北村　　　　2010 年 8 月 8 日<br>◆主契約の保険期間 |
| 受取人 | 〔給付金受取人〕被保険者　様<br>〔死亡保険金受取人〕北村　美帆子　様<br>＊保険契約者との続柄：妻 | 　　　　終身<br>◆主契約の保険料払込期間<br>　　　　終身 |

◆ご契約内容

| 給付金・保険金の内容 | 給付金額・保険金額 | 保険期間 |
|---|---|---|
| ガン診断給付金 | 初めてガンと診断されたとき　100万円 | 終身 |
| 入院給付金 | 日額　10,000円<br>＊病気やケガで1日以上継続入院のとき，入院開始日からその日を含めて1日目から支払います。<br>＊同一事由の1回の入院給付金支払い限度は60日，通算して1,000日となります。 | |
| 手術給付金 | 給付金額入院給付金日額×10・20・40倍<br>＊所定の手術を受けた場合，手術の種類に応じて手術給付金（入院給付金日額の10倍・20倍・40倍）を支払います。 | |
| 死亡・高度障害保険金 | 100万円<br>＊死亡または所定の高度障害となった場合に支払います。 | |

■保険料の内容

| 払込保険料合計　×,×××円／月 |
| 払込方法（回数）：年12回<br>払込期月　　　：毎月 |

■その他付加されている特約・特則等

| 保険料口座振替特約<br>＊以下余白 |

---

　北村敬さんが平成27年中に初めてガン（悪性新生物）と診断され，9日間入院し，その間に給付倍率20倍の手術（1回）を受けた場合，支払われる給付金は，合計（ア）である。

1．29万円
2．129万円
3．229万円

## 問3

室井裕久さんが契約している普通傷害保険の主な内容は，下記＜資料＞のとおりである。次の1～3のケース（該当者は室井裕久さんである）のうち，保険金の支払い対象とならないケースはどれか。なお，1～3のケースはいずれも保険期間中に発生したものである。また，＜資料＞に記載のない事項については一切考慮しないこととする。

＜資料＞

| 保険種類 | 普通傷害保険 |
|---|---|
| 保険期間 | 1年間 |
| 保険契約者 | 室井裕久 |
| 被保険者 | 室井裕久 |
| 死亡・後遺障害保険金額 | 5,000万円 |
| 入院保険金日額 | 5,000円 |
| 通院保険金日額 | 3,000円 |

※特約は付帯されていない。

1. 豪雨による洪水で家が流された際に足を負傷して，入院した。
2. サッカーの練習中に誤って転倒して足を骨折し，通院した。
3. 地震により倒れてきた柱時計で肩を打撲して，通院した。

## 【第3問】下記の（問1）～（問3）について解答しなさい。

(2016年1月　第6問)

## 問1

平成27年11月10日に相続が開始された辻秀芳さん（被相続人）の＜親族関係図＞が下記のとおりである場合，民法上の相続人および法定相続分に関する次の記述のうち，正しいものはどれか。なお，記載のない条件については一切考慮しないこととする。

<親族関係図>

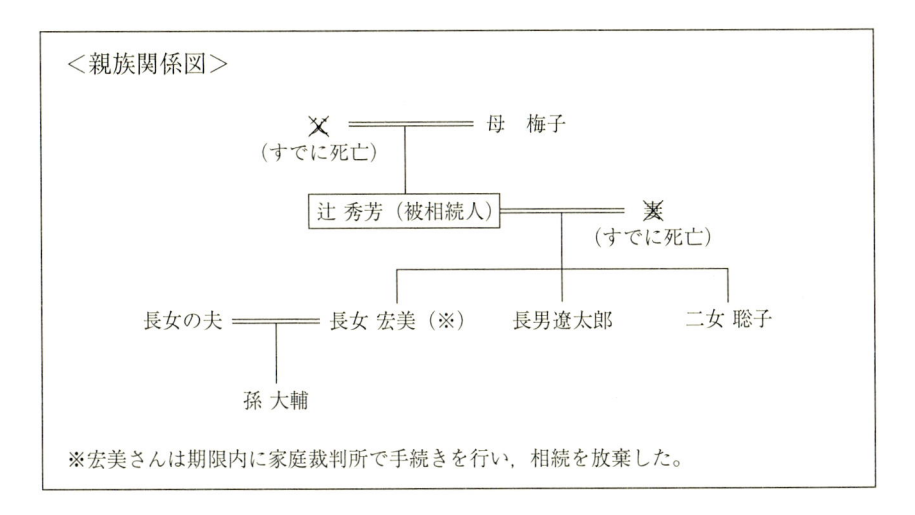

```
              ×────────── 母 梅子
          (すでに死亡) │
                 ┌────┴────┐
           辻 秀芳（被相続人）───── ×
                 │              (すでに死亡)
       ┌─────────┼─────────┐
  長女の夫 ── 長女 宏美（※）  長男遼太郎   二女 聡子
       │
     孫 大輔
```

※宏美さんは期限内に家庭裁判所で手続きを行い，相続を放棄した。

1．遼太朗さんの相続分は，1／2である。
2．大輔さんの相続分は，1／3である。
3．梅子さんの相続分は，1／6である。

## 問2

下記は，普通方式の遺言の要件等についてまとめた表である。下表の空欄（ア）〜（ウ）にあてはまる数値または語句の組み合わせとして，正しいものはどれか。なお，問題作成の都合上，表の一部を空欄（＊＊＊）としている。

| 種　類 | 自筆証書遺言 | 公正証書遺言 | 秘密証書遺言 |
| --- | --- | --- | --- |
| 作成方法 | 本人が全文，日付，氏名を自書し，押印する | 本人が遺言内容を口述し，公証人が筆記したうえで，遺言者・証人に読み聞かせる | 本人が遺言書に署名・押印し，遺言書を封じて同一印で封印する |
| 遺言可能年齢 | （ア）歳以上 |||
| 保管場所 | 指定なし | 公証役場（原本） | 指定なし |
| 証　人 | 不要 | （イ） ||
| 検　認 | ＊＊＊ | （ウ） | ＊＊＊ |

1．（ア）15　　（イ）1人以上　　（ウ）不要
2．（ア）15　　（イ）2人以上　　（ウ）不要
3．（ア）18　　（イ）2人以上　　（ウ）必要

## 問3

相続時精算課税制度の概要に関する下表の空欄（ア）～（ウ）にあてはまる数値の組み合わせとして，正しいものはどれか。

<相続時精算課税制度の概要>

| 適用対象者 | 贈与者：（ア）歳以上の父母または祖父母<br>受贈者：20歳以上の推定相続人である子，または20歳以上の孫 |
|---|---|
| 適用対象財産 | 贈与財産の種類，金額，贈与回数に制限なし |
| 特別控除額 | 受贈者単位で贈与者ごとに累計（イ）万円まで |
| 適用税率 | （イ）万円を超える部分に対して一律（ウ）％ |
| 適用条件 | 受贈者は贈与を受けた年の翌年2月1日から3月15日までに，「相続時精算課税選択届出書」を贈与税の申告書に添付して提出する |

1．（ア）60　　（イ）2,000　　（ウ）10
2．（ア）60　　（イ）2,500　　（ウ）20
3．（ア）70　　（イ）2,500　　（ウ）20

# 第1回 解答・解説 個人資産相続業務（金融財政事情研究会）

【第1問】

問1　3）　国民年金は，日本国内に住所がある20歳以上60歳未満のすべての人に加入する義務がある。自営業者やその配偶者，学生などは，国民年金の第1号被保険者となる。学生納付特例制度は，20歳以上の学生（所得が一定以下の場合）は，在学中の国民年金の保険料の納付が猶予される。追納期間は，過去10年分の追納が可能である。

問2　2）　老齢基礎年金および老齢厚生年金の繰上げ支給の請求をした場合，それぞれ，年金額は繰上げ1ヵ月当たり，0.5％減額される。
　　　　　また，支給繰下げをした場合は，それぞれ，年金は1ヵ月当たり0.7％増額される。

問3　2）　(1) 終価係数とは，現在の元本を一定期間複利運用した場合に元利（元金と利息）合計が将来いくらになるかを計算するときに使用する。

　　　　　　　将来の目標額 ＝ 現在の数値（元本）× 終価係数
　　　　　　　2,092.44 万円 ＝　　200 万円　　× 10.4622

　　　　　(2) 資本回収係数とは，現在の元本を複利運用しながら，毎年一定金額を受け取る場合に，毎年いくら受け取れるかを計算するときに使用する。

　　　　　　　毎年受け取る年金額＝元金 × 資本回収係数
　　　　　　　431.04264 万円 ＝ 2,092.44 万円 × 0.2060
　　　　　　　431 万円（万円未満四捨五入）

## 【第2問】

**問1** 2) 公正証書遺言は，本人が口述して公証人が筆記する作成方法であり，証人2人以上の立会いと公証人が必要である。検認は不要である。

**問2** 3) ⅰ) 基礎控除額 = 3,000万円 + 600万円 × 法定相続人の数

5,400万円 = 3,000万円 + 600万円 × 4人

法定相続人：妻B，孫F，長男D，二女E

ⅱ) 死亡保険金の非課税金額 = 500万円 × 法定相続人の数

2,000万円 = 500万円 × 4人

ⅲ) 貸家建付地とは，宅地の所有者が建物を建て，他に貸し付けている場合の土地をいう。貸家建付地の評価額は下記の内容である。

評価額 = 自用地評価額 × (1 − 借地権割合 × 借家権割合 × 賃貸割合)

**問3** 1) 相続税の総額

(1) 妻B：1億5,000万円 × 2分の1 × 30% − 700万円 = 1,550万円

(2) 孫F，長男D，二女E：1億5,000万円 × 2分の1 × 3分の1 × 15% − 50万円 = 325万円

(3) 総額：1,550万円 + 325万円 × 3人 = 2,525万円

## 【第3問】

**問1** 1) 国民年金の加入期間は20歳から60歳までの40年間（480カ月）であり，納付期間が40年（480カ月）を満たしていれば，老齢基礎年金

は満額(78万100円)支給される。40年(480カ月)に満たない場合は，下記の計算式により支給額が計算される。

平成21年4月以後(国庫負担割合2分の1の期間)全額免除期間の場合

$$78万100円 \times \frac{480カ月 - 36カ月 \times \frac{1}{2}}{480カ月}$$

(解答) 平成21年3月以前(国庫負担割合3分の1の期間)全額免除期間の場合

$$78万100円 \times \frac{480カ月 - 36カ月 \times \frac{1}{3}}{480カ月}$$

問2　3）　加給年金とは，厚生年金の加入期間が原則20年以上ある者に扶養している配偶者や子がいる場合等に，老齢厚生年金に加算されるものである。したがって，厚生年金の加入期間20年以上加入する条件が満たされていない。

問3　3）　確定拠出年金(個人型)の加入対象者は，(1) 60歳未満の自営業者や (2) 企業年金がない企業の60歳未満の従業員であり，拠出限度額は，(1) の場合は月額6万8,000円(国民年金基金に加入している場合は国民年金基金の保険料と合算で6万8,000円)，また，(2) の場合は月額2万3,000円である。掛金は負担した全額が小規模企業共済等掛金控除の対象となる。また，給付開始時期は，10年以上加入期間があれば，原則60歳から受給することができる。

## 【第4問】

問1　3）「教育資金の一括贈与に係る贈与税の非課税」の内容は，(1) 贈与者(祖父母等の直系尊属)，(2) 受贈者(30歳未満の子や孫)，(3) 非課税金額(1人あたり1,500万円「学校に支払われる場合」，学校以外の塾等の場合は500万円までが非課税)，(4) 適用期間(平成31年3月31日までの贈与が対象)

等である。

問2　1)　贈与税は，1月1日から12月31日（暦年課税）の間に受け取った贈与財産に対して，課税される。暦年課税の計算式は下記の通りである。

　　　贈与税の課税価格 − 110万円 × 税率 − 控除額 ＝ 贈与税額
　　　　　　　　　　　（基礎控除額）

問3　1)　贈与税の申告書の提出期限は，翌年の2月1日から3月15日までに受贈者の居住地を管轄する税務署長である。また，贈与税の納付は金銭で一括納付する。しかし，贈与税の額が10万円以上であり，納付期限までに金銭で一括納付できない場合は，延納（分割して納付，最長5年）ができる。物納は認められない。

# 第2回 解答・解説 保険顧客資産相談業務（金融財政事情研究会）

## 【第1問】

**問1　3）** 遺族年金とは，国民年金や厚生年金などの加入者が亡くなった場合に遺族に支給される。国民年金には，遺族基礎年金があり，また，厚生年金加入者が亡くなった場合に，一定の遺族に基礎年金に上乗せして支給される遺族厚生年金がある。

遺族基礎年金の①受給要件は，国民年金の加入者（被保険者）が死亡したとき，②受給対象者は，子（18歳の3月末日まで）のある配偶者（妻または夫），③年金額（平成27年度）は，子のある配偶者が受給する場合は，78万100円＋子の加算額（子2人までは子1人につき22万4,500円，3人目の子からは1人につき7万4,800円）である。

子の加算額は，長男Cさんは既に19歳であり，加算対象とはならない。二男Dさんは14歳であるから，22万4,500円が加算額となる。

**問2　3）** 1）遺族厚生年金は，被保険者の老齢厚生年金の報酬比例部分の額の4分の3に相当する額が支給される。

2）再婚すると，遺族基礎年金と遺族厚生年金は，受給する権利が消滅する。

**問3　2）** 1）会社員が加入する健康保険の医療費の自己負担割合は，69歳以下は，原則3割負担である。

3）同じ病気やけがで仕事を連続して3日以上休業し，給料が支給されない場合，健康保険の傷病手当金として，1日につき標準報酬日額の3分の2が支給（期間は最長で1年6ヵ月）される。

## 【第2問】

問1　2）ⅰ）法定相続人は，妻B，長男C，長女D，二女Eであるが，二女Eはすでに死亡しているため，孫Fと孫Gが代襲相続人となり，法定相続人の数は，5人となる。

ⅱ）相続税の基礎控除額は，下記の計算式となる。

基礎控除額 = 3,000万円 +（600万円 × 法定相続人の数）
6,000万円 = 3,000万円 +（600万円 × 5人）

ⅲ）相続人が死亡により取得した生命保険の死亡保険金のうち，下記の額は，非課税になる。

非課税金額 = 500万円 × 法定相続人の数
2,500万円 = 500万円 × 5人

問2　2）課税遺産総額9,600万円を，それぞれ法定相続分に分割し，分割後の金額に応じた税率で算出する。

妻B：9,600万円 × 2分の1 × 20% − 200万円 = 760万円
長男Cと長女D：9,600万円 × 2分の1 × 3分の1 × 15% − 50万円 = 190万円
孫Fと孫G：9,600万円 × 2分の1 × 3分の1 × 2分の1 × 10% = 80万円
妻B（760万円）+ 長男C（190万円）+ 長女D（190万円）+ 孫（80万円）+ 孫G（80万円）= 1,300万円

問3　1）配偶者に対する相続税額の軽減は，配偶者が実際に取得した財産が1億6,000万円までか，それを超えても法定相続分相当額までであれば，相続税は課税されない。婚姻期間による制限はない。

## 【第3問】

問1　2）遺族基礎年金および遺族厚生年金は，国民年金，厚生年金の加入者が死亡したときに受給されるものであり，遺族の就業の有無や給与額に応じて，遺族給付の一部または全部が支給停止となることはない。

問2　2）遺族生活資金の必要保障額の計算は，「遺族に必要な生活資金等の総額－遺族の収入見込金額」で算出する。遺族のための必要保障額は，通常末子が誕生したときに最大となる。また，収入保障保険は，保険期間の経過とともに，保険金額が年々減少していくのが特徴である。

問3　3）障害状態となった場合に公的介護保険制度や身体障害者福祉法に連動して保険金が支払われる。これらの保険商品から支払われる介護保険金や障害給付金は，入院給付金等と同様に非課税である。

## 【第4問】

問1　1）配偶者の相続税額の軽減は，配偶者が実際に取得した財産が1億6,000万円までか，それを超えても法定相続分相当額までであれば相続税は課税されない。

　　　適用要件は，(1) 婚姻期間の長短には関係ない。(2) 申告期限までに遺産分割が決まり，配偶者の相続財産が確定していること。ただし，期限までに遺産分割が確定していなくても，期限後3年以内に遺産分割が行われれば適用できる。

問2　3）ⅰ）相続税の申告書の提出期限は，原則として「相談の開始があったことを知った日の翌日から10ヵ月以内」である。
　　　　ⅱ）基礎控除額は下記の内容である。

　　　　　　相続税の基礎控除額 ＝ 3,000万円 ＋（600万円 × 法定相続人の数）

4,800万円 = 3,000万円 +（600万円 × 3人）

iii）死亡保険金の非課税金額は下記の内容である。

非課税金額 = 500万円 × 法定相続人の数
1,500万円 = 500万円 × 3人
相続税の課税価格に算入される金額
5,000万円 − 1,500万円 = 3,500万円

問3　1）　相続税の総額
妻：7,200万円 × 2分の1 × 20% − 200万円 = 520万円
長男と長女：7,200万円 × 2分の1 × 2分の1 × 15% − 50万円 = 220万円
総額：520万円 + 220万円 + 220万円 = 960万円

# 第3回 解答・解説 資産設計提案業務（日本ファイナンシャル・プランナーズ協会）

## 【第1問】

**問1　2）**　配偶者と子のみが相続人の場合，相続分は配偶者が2分の1，子が2分の1となる。相続人となるべき者が，相続開始時にすでに死亡している場合は，その子はその者に代わって相続人（代襲相続人）となる。

**問2　1）**　平成27年1月1日以降に行われた贈与より，直系尊属（父母や祖父母）からの贈与とその他の者からの贈与で税率等が異なる。

贈与税額 =（贈与税の課税価格 − 110万円）× 税率 − 控除額
16万円 =（120万円 + 150万円 − 110万円）× 10% − 0円

## 【第2問】

**問1　3）**　交通事故で死亡（即死）した場合，定期保険特約付終身保険からは，(1) 終身保険金額250万円，(2) 定期保険特約保険金額1,000万円，(3) 特定疾病保障定期保険特約保険金額300万円，(4) 傷害特約保険金額100万円の総額1,650万円が支給される。

**問2　2）**　医療保険の保障内容は，けがや病気による入院や手術に対して給付金が支払われる保険で，給付金には，入院給付金と手術給付金がある。給付金の計算は下記の内容である。

(1) ガン診断給付金：100万円
(2) 入院給付金：日額10,000円 × 9日 = 9万円
(3) 手術給付金：日額10,000円 × 20倍 = 20万円

給付金の合計額：129万円

問3　3）　普通傷害保険の対象となる場合は（1）国内外を問わず，家庭内・職場・通勤途中・旅行中等の日常生活で起こる事故による傷害である。
　　　①　豪雨・台風・大雪・サッカーの試合（スポーツ中の怪我等）等が対象であり，②戦争・地震・噴火・津波・細菌性食中毒，熱中症，日焼け等は対象とならない。

## 【第3問】

問1　1）　配偶者は，常に法定相続人となる。配偶者以外の親族は，子，直系尊属，兄弟姉妹の順に，法定相続人となる。
　　　今回のケースは，配偶者が既に死亡しているため，法定相続人は，長女，長男，二女，の3人となる。しかし，長女は相続を放棄したため，長男（2分の1）と二女（2分の1）が相続人となる。

問2　2）　遺言は，満15歳以上で意思能力を有する者であれば誰でも可能である。公正証書遺言と秘密証書遺言は，証人2人以上の立会いと公証人が必要であり，公正証書遺言は検認は不要である。

問3　2）　相続時精算課税制度は，下記の内容である。
　(1)　適用対象者
　　　贈与者は60歳以上の父母・祖父母。
　　　受贈者は，20歳以上の子（孫）である推定相続人（代襲相続人）である。
　(2)　特別控除額
　　　受贈者単位で贈与者ごとに累計2,500万円。
　(3)　適用税率
　　　2,500万円を超える部分に対しては一律20％の税率。

# 第2章

# リスク管理／金融資産運用

## 第1回 問題 個人資産相続業務（金融財政事情研究会）

【第1問】次の設例に基づいて，下記の各問（《問1》〜《問3》）に答えなさい。

(2016年5月　第2問)

――《設　例》――

　会社員のAさん（40歳）は，これまで国内債券を中心に資産を運用してきたが，今後は外貨建て資産による運用も始めてみたいと思っている。Aさんは，外貨建てMMF（豪ドル建て）および下記の米ドル建て定期預金を運用対象として検討しており，ファイナンシャル・プランナーのMさんに相談することにした。

　Aさんが預入を検討している米ドル建て定期預金に関する資料は，以下のとおりである。

〈Aさんが預入を検討している米ドル建て定期預金に関する資料〉
　・預入金額　：10,000米ドル
　・預入期間　：1年満期
　・利率（年率）：0.3％（満期時一括支払）
　・預入時における適用為替レート（円／米ドル）

| TTS | TTM | TTB |
| --- | --- | --- |
| 117円 | 116円 | 115円 |

※上記以外の条件は考慮せず，各問に従うこと。

《問1》Mさんは，外貨建てMMFについて説明した。Mさんが，Aさんに対して説明した以下の文章の空欄①〜③に入る語句の組合せとして，次のうち最も適切なものはどれか。

「外貨建てMMFは、高い信用格付が付された（ ① ）の証券を中心に外貨建て資産で運用する公社債投資信託です。外貨建てMMFは、外国証券取引口座を開設することにより購入することができ、購入する際には購入時手数料が（ ② ）。

また、外貨建てMMFを購入した場合、その運用実績に応じて毎ファンド営業日に分配が行われ、その分配金は（ ③ ）として所得税や住民税等の課税対象となります」

1) ① 短期　　② かかります　　③ 配当所得
2) ① 短期　　② かかりません　③ 利子所得
3) ① 長期　　② かかりません　③ 配当所得

《問2》 Mさんは、国内の銀行で取り扱う外貨預金について説明した。MさんのAさんに対する説明として、次のうち最も適切なものはどれか。なお、為替予約は付けられていないものとする。

1)「外貨預金は、元本1,000万円までとその利息が預金保険制度による保護の対象となります」
2)「外貨預金に係る利子所得が年間20万円を超えた場合、その利子所得について確定申告を行わなければなりません」
3)「外貨定期預金の満期時に為替差益を得た場合、その為替差益は雑所得として総合課税の対象となります」

《問3》 Aさんが、《設例》の条件で、為替予約を付けずに円貨を外貨に交換して10,000米ドルを外貨預金に預け入れ、満期時に円貨で受け取った場合における元利金の合計額として、次のうち最も適切なものはどれか。なお、満期時における適用為替レートは下記の〈資料〉のとおりとし、税金は考慮しないものとする。

〈資料〉満期時における適用為替レート（円／米ドル）

| TTS | TTM | TTB |
|---|---|---|
| 120 円 | 119 円 | 118 円 |

1）1,183,540 円
2）1,193,570 円
3）1,203,600 円

【第2問】次の設例に基づいて，下記の各問（《問1》～《問3》）に答えなさい。
(2016年1月　第2問)

――――――――――《設　例》――――――――――

　会社員のAさん（55歳）は，長男が社会人になったことを機に，余裕資金を利用して資産運用を行いたいと考えている。Aさんは，電子部品製造業のX株式会社の株式（以下，「X社株式」という），および先日証券会社の営業担当者から紹介を受けたY株式会社の社債（以下，「Y社債」という）を運用対象として検討している。そこで，Aさんは，ファイナンシャル・プランナーのMさんに相談することにした。
　X社株式およびY社債に関する資料は，以下のとおりである。

〈X社株式に関する資料〉
・業種　　　　　　　　：電子部品製造
・特徴　　　　　　　　：業界内では大手の事業規模であり，輸出中心の企業である。
・株価　　　　　　　　：2,000 円
・当期純利益　　　　　：200 億円
・純資産（自己資本）　：2,500 億円
・発行済株式数　　　　：1 億株
・前期の配当金の額（年額）：40 円（1株当たり）

〈Y社債に関する資料〉
- 表面利率　　　　：1.3%
- 残存期間　　　　：3年
- 購入価格　　　　：101.5円（額面100円当たり）
- 償還価格　　　　：100円

※上記以外の条件は考慮せず，各問に従うこと。

《問1》Mさんは，X社株式について説明した。MさんのAさんに対する説明として，次のうち最も不適切なものはどれか。
1）「X社は輸出中心の企業であるため，一般に円安の進行は株価にとって好材料となります」
2）「X社は前期に1株当たり40円の配当金を支払っています。この1株当たりの配当金の額は会社の定款で定められているため，決算期ごとに同額が支払われます」
3）「X社のような部品を製造する会社の株式を購入する場合，その会社の業績だけでなく，その部品を使用した製品の市場動向についても着目することが重要です」

《問2》Mさんは，X社株式の投資指標について説明した。Mさんが，Aさんに対して説明した以下の文章の空欄①〜③に入る語句の組合せとして，次のうち最も適切なものはどれか。

「株価の相対的な割安・割高の度合いを測る指標としてPER（株価収益率）やPBR（株価純資産倍率）がありますが，X社のPERは（①），PBRは（②）となっています。また，株主への利益還元の度合いを測る指標として配当性向がありますが，X社の配当性向は（③）となっています」

1）① 10倍　　② 1.25倍　　③ 2％
2）① 10倍　　② 0.8倍　　③ 20％
3）① 12.5倍　② 0.8倍　　③ 2％

《問3》 Y社債を《設例》の条件で購入した場合の最終利回り（年率・単利）は，次のうちどれか。なお，計算にあたっては税金や手数料等を考慮せず，答は％表示における小数点以下第3位を四捨五入している。

1）0.79％
2）1.28％
3）1.77％

# 第2回 問題 保険顧客資産相談業務（金融財政事情研究会）

【第1問】次の設例に基づいて，下記の各問（《問1》～《問3》）に答えなさい。

(2016年5月 第2問)

― 《設 例》 ―

　会社員のAさん（33歳）は，妻Bさん（29歳）および長男Cさん（0歳）との3人暮らしである。長男Cさんは，平成28年4月10日に生まれた。

　Aさんは，長男Cさんの誕生を機に，将来の教育資金の準備を目的に加入を検討している学資（こども）保険について，懇意にしているファイナンシャル・プランナーのMさんに相談することにした。

　なお，Aさんが加入を検討している学資（こども）保険の概要は，以下の＜資料＞のとおりである。

＜資料＞Aさんが加入を検討している学資（こども）保険（告知扱い）

| | |
|---|---|
| 保険の種類 | ：無配当学資（こども）保険（連生保険） |
| 契約者（＝保険料負担者） | ：Aさん（Aさん死亡後の承継契約者は妻Bさん） |
| 被保険者 | ：長男Cさん |
| 保険期間 | ：21歳満期 |
| 保険料払込期間 | ：18歳満了 |
| 学資年金開始年齢 | ：18歳 |
| 基準保険金額 | ：50万円 |
| 払込保険料累計額（①） | ：187万9,200円 |
| 受取総額（②） | ：200万円（18歳から21歳までの4年間，毎年50万円が学資年金として支払われる） |
| 受取率（②÷①×100） | ：106.4％（小数点第2位以下切捨て） |
| 月払保険料（口座振替） | ：8,700円 |

- 基準保険金額が70万円以上の場合，高額割引制度が適用される。
- 保険料払込期間は，「5年」「10年」「学資年金開始時」から選択できる。
- 契約者が死亡・高度障害状態となった場合，以後の保険料払込が免除される。

※上記以外の条件は考慮せず，各問に従うこと。

《問1》はじめに，Mさんは，**教育資金の準備等**についてアドバイスした。MさんのAさんに対するアドバイスとして，次のうち最も不適切なものはどれか。

1)「子ども1人当たりの教育費の総額は，大学進学の有無，大学進学時の自宅通学・下宿等の違いによって大きく異なります。生命保険会社から提示される資料や生命保険文化センターの資料などを参考にその金額を確認するとよいでしょう」

2)「長男Cさんの大学進学時に金融機関の教育ローンを利用することも検討事項の1つとなります。なお，教育ローンには民間の金融機関が行うもののほかに，国が日本政策金融公庫を通じて行う教育一般貸付（国の教育ローン）などがあります」

3)「長男Cさんの大学進学時に独立行政法人日本学生支援機構が取り扱う奨学金制度を利用することも検討事項の1つとなります。当該奨学金制度には，返済義務のない第一種奨学金と返済義務のある第二種奨学金があります」

《問2》次に，Mさんは，《設例》の学資（こども）保険についてアドバイスした。MさんのAさんに対するアドバイスとして，次のうち最も不適切なものはどれか。

1)「基準保険金額を70万円以上とした場合，高額割引制度により保険料が割

り引かれるため、受取率は上昇します。したがって、基準保険金額50万円の設計書と基準保険金額70万円の設計書とを比較してから加入を検討することもよいと思います」
2)「保険料払込期間を18歳満了ではなく、5年あるいは10年とした場合、毎月の保険料は上昇しますが、払込保険料総額は同じですので、受取率に変化はありません。毎月の収支バランスを考慮して、保険料払込期間を選んでください」
3)「契約者であるAさんには告知義務があります。契約の際には、過去の傷病歴や現在の健康状態などについて、事実をありのままに正確に告知してください」

《問3》《設例》の学資（こども）保険に係る課税関係に関する次の記述のうち、最も適切なものはどれか。
1)「学資（こども）保険の保険料は、所定の要件を満たせば、個人年金保険料控除の対象とすることができます」
2)「Aさんが保険料払込期間中に死亡した場合、その後の保険料の払込みは免除されますが、承継契約者である妻Bさんが相続する生命保険契約に関する権利の価額は、相続開始時の解約返戻金相当額で評価され、相続税の課税対象となります」
3)「Aさんが学資年金を受け取る際に、保険会社所定の据置きを選択し、実際に年金額を受け取らない場合は、所得税および住民税の課税対象にはなりません」

## 【第2問】次の設例に基づいて，下記の各問（《問1》～《問3》）に答えなさい。

(2016年5月　第4問)

《設　例》

　会社員のAさんは，妻Bさん，長男Cさんおよび二男Dさんとの4人家族である。Aさんは，住宅ローンを利用して平成27年10月に新築の戸建て住宅を取得し，同月中に入居した。Aさんとその家族に関する資料等は，以下のとおりである。

＜Aさんとその家族に関する資料＞

Aさん（44歳）　　：会社員
妻Bさん（42歳）　：平成27年中にパートにより給与収入80万円を得ている。
長男Cさん（16歳）：高校1年生。平成27年中の収入はない。
二男Dさん（14歳）：中学2年生。平成27年中の収入はない。

＜Aさんの平成27年分の収入等に関する資料＞

(1) 給与収入の金額　　：900万円
(2) 一時払変額個人年金保険（確定年金）の解約返戻金
　　契約年月　　　　　：平成20年7月
　　契約者（＝保険料負担者）・被保険者：Aさん
　　死亡保険金受取人：妻Bさん
　　解約返戻金額　　　：600万円
　　正味払込済保険料：500万円

＜Aさんが利用した住宅ローンに関する資料＞

借入年月日　　　　　　　　　：平成27年10月1日
平成27年12月末の借入金残高：2,000万円
※住宅借入金等特別控除の適用要件は，すべて満たしているものとする。

＜Aさんが平成27年中に支払った損害保険料に関する資料＞

| 保険の種類 | 契約者（保険料負担者） | 契約年月 | 年間支払保険料 |
|---|---|---|---|
| 火災保険 | Aさん | 平成27年10月 | 50,000円 |
| 地震保険 | Aさん | 平成27年10月 | 25,000円 |

※上記の保険は，いずれもAさんの自宅を補償対象とする損害保険である。

※家族は，Aさんと同居し，生計を一にしている。
※Aさんとその家族は，いずれも障害者および特別障害者には該当しない。
※Aさんとその家族の年齢は，いずれも平成27年12月31日現在のものである。
※上記以外の条件は考慮せず，各問に従うこと。

《問1》 Aさんの平成27年分の所得税における所得控除に関する以下の文章の空欄①～③に入る数値の組合せとして，次のうち最も適切なものはどれか。

ⅰ）地震保険料控除の控除額は，（ ① ）円である。
ⅱ）妻Bさんの合計所得金額が（ ② ）万円を超えていないため，Aさんは配偶者控除の適用を受けることができる。
ⅲ）扶養控除の控除額は，（ ③ ）万円である。

1）① 25,000　② 38　③ 38
2）① 25,000　② 103　③ 76
3）① 50,000　② 38　③ 63

《問2》 Aさんの平成27年分の所得税の確定申告に関する次の記述のうち，最も適切なものはどれか。
1）「Aさんは，平成27年分の所得税から最長で10年間，住宅借入金等特別控除の適用を受けることができますが，適用を受けるためには，毎年，確定申告を行う必要があります」
2）「Aさんは，確定申告を行う際に，青色申告を選択することによって，税制上の各種特典を受けることができます」
3）「Aさんが確定申告を行う場合の確定申告書の提出先は，原則として，Aさんの住所地を管轄する税務署長です」

《問3》 Aさんの平成27年分の所得税における総所得金額は，次のうちどれか。
1）715万円
2）740万円
3）950万円

<給与所得控除額>

| 給与収入金額 | | | 控除額 |
|---|---|---|---|
| 万円超 | | 万円以下 | |
| | ～ | 180 | 収入金額×40%（65万円に満たない場合は，65万円） |
| 180 | ～ | 360 | 収入金額×30% + 18万円 |
| 360 | ～ | 660 | 収入金額×20% + 54万円 |
| 660 | ～ | 1,000 | 収入金額×10% + 120万円 |
| 1,000 | ～ | 1,500 | 収入金額×5% + 170万円 |
| 1,500 | ～ | | 245万円 |

## 【第3問】次の設例に基づいて，下記の各問（《問1》～《問3》）に答えなさい。
（2016年1月　第1問）

《設例》

会社員のAさん（40歳）は，妻Bさん（36歳），長男Cさん（3歳）および二男Dさん（0歳）との4人暮らしである。

Aさんは，二男Dさんの誕生を機に，生命保険の見直しを考えており，その前提として自分が死亡した場合に公的年金制度から遺族給付がどのくらい支給されるのかを知りたいと思っている。また，40歳になって公的介護保険の保険料負担が生じたこともあり，当該制度についても理解したいと考えている。

そこで，Aさんは，懇意にしているファイナンシャル・プランナーのMさんに相談することにした。Aさんの家族構成は，以下のとおりである。

＜Aさんの家族構成＞
Aさん　　　：昭和50年12月28日生まれ
　　　　　　会社員（厚生年金保険・健康保険・介護保険に加入中）
妻Bさん　　：昭和54年7月10日生まれ
　　　　　　国民年金に第3号被保険者として加入している。
長男Cさん：平成24年5月5日生まれ
二男Dさん：平成27年12月21日生まれ

※妻Bさんは，現在および将来においても，Aさんと同居し，生計維持関係にあるものとする。また，就業の予定はないものとする。
※家族全員，Aさんと同一の世帯に属し，Aさんの健康保険の被扶養者である。
※家族全員，現在および将来においても，公的年金制度における障害等級に該当する障害の状態にないものとする。

※上記以外の条件は考慮せず，各問に従うこと。

《問1》現時点（平成28年1月24日）においてAさんが死亡した場合，妻Bさんに支給される遺族基礎年金の年金額（年額）を算出する計算式は，次のうちどれか。なお，遺族基礎年金の年金額は，平成27年10月現在の価額に基づいて計算することとする。
1）780,100円 + 74,800円
2）780,100円 + 224,500円 + 74,800円
3）780,100円 + 224,500円 + 224,500円

《問2》Mさんは，遺族厚生年金について説明した。Mさんが，Aさんに対して説明した以下の文章の空欄①～③に入る語句の組合せとして，次のうち最も適切なものはどれか。

「現時点（平成28年1月24日）においてAさんが死亡した場合，妻Bさんに対して遺族厚生年金が支給されます。遺族厚生年金の額は，原則として，Aさんの厚生年金保険の被保険者期間を基礎として計算した老齢厚生年金の報酬比例部分の額の（ ① ）に相当する額になります。ただし，その計算の基礎となる被保険者期間の月数が（ ② ）に満たないときは，（ ② ）とみなして年金額が計算されます。
　また，二男Dさんの18歳到達年度の末日が終了すると，妻Bさんの有する遺族基礎年金の受給権は消滅します。その後，妻Bさんが（ ③ ）に達するまでの間，妻Bさんに支給される遺族厚生年金の額に中高齢寡婦加算が加算されます」

1）①2分の1　②300月　③60歳
2）①3分の2　②240月　③65歳
3）①4分の3　②300月　③65歳

《問3》Mさんは，公的介護保険（以下，「介護保険」という）についてアドバイスした。MさんのAさんに対するアドバイスとして，次のうち最も適切なものはどれか。

1）「介護保険の第2号被保険者は加齢に伴う一定の特定疾病により要介護状態または要支援状態となった場合に限り，介護保険の保険給付を受けることができます」
2）「仮に，Aさんが介護保険の保険給付を受けようとする場合は，要介護状態または要支援状態に該当することおよびその該当する要介護状態区分または要支援状態区分について，都道府県知事の認定を受ける必要があります」
3）「介護保険の保険給付を受ける者は，原則として，費用（食費，居住費等を除く）の1割を介護サービス提供事業者に支払うことになりますが，Aさんの所得金額が一定額を超える場合は，自己負担割合が3割となります」

## 第3回 問題 資産設計提案業務（日本ファイナンシャルプランナーズ協会）

【第1問】下記の（問1），（問2）について解答しなさい。

（2016年5月　第1問）

問1
　ファイナンシャル・プランニング業務を行うに当たっては，関連業法を順守することが重要である。ファイナンシャル・プランナー（以下「FP」という）の行為に関する次の記述のうち，最も不適切なものはどれか。

1．税理士資格を有していないFPが，確定申告書の作成について顧客から相談を受け，資料に基づき顧客の確定申告書を作成した。
2．弁護士資格を有していないFPが，法律事務に関する業務依頼に備えるために，弁護士と顧問契約を締結した。
3．生命保険募集人資格を有していないFPが，顧客から相談を受け，生命保険証券の見方について説明をした。

## 問2

下記は，井川家のキャッシュフロー表（一部抜粋）である。このキャッシュフロー表に関する次の記述のうち，最も不適切なものはどれか。なお，計算に当たっては，キャッシュフロー表中に記載の整数を使用し，計算結果は万円未満を四捨五入すること。

＜井川家のキャッシュフロー表＞ （単位：万円）

| 経過年数 | | | 現在 | 1年 | 2年 | 3年 |
|---|---|---|---|---|---|---|
| 西暦（年） | | | 2016 | 2017 | 2018 | 2019 |
| 平成（年） | | | 28 | 29 | 30 | 31 |
| 家族・年齢 | 井川 浩司 | 本人 | 48歳 | 49歳 | 50歳 | 51歳 |
| | 久美子 | 妻 | 45歳 | 46歳 | 47歳 | 48歳 |
| | 翔 | 長男 | 14歳 | 15歳 | 16歳 | 17歳 |
| | 美南 | 長女 | 12歳 | 13歳 | 14歳 | 15歳 |
| ライフイベント | | 変動率 | | 美南中学校入学 | 翔高校入学 | 住宅のリフォーム |
| 収入 | 給与収入（夫） | 1％ | 532 | 537 | 543 | 548 |
| | 給与収入（妻） | － | 96 | 96 | 96 | 96 |
| | 収入合計 | － | 628 | 633 | 639 | 644 |
| 支出 | 基本生活費 | 2％ | 249 | | （ア） | 264 |
| | 住宅関連費 | － | 143 | 143 | 143 | 143 |
| | 教育費 | － | 120 | 150 | | 160 |
| | 保険料 | － | 42 | 42 | 42 | 42 |
| | 一時的支出 | － | | | | 200 |
| | その他支出 | － | 25 | 25 | 25 | 25 |
| | 支出合計 | － | 579 | 614 | 609 | 834 |
| 年間収支 | | － | 49 | 19 | 30 | （イ） |
| 金融資産残高 | | 1％ | 684 | （ウ） | | |

※年齢は各年12月31日現在のものとし，平成28年を基準年とする。
※記載されている数値は正しいものとする。
※問題作成の都合上，一部空欄にしてある。

1．空欄（ア）に入る数値とその求め方：「249 ×（1 + 0.02）2 ≒ 259」
2．空欄（イ）に入る数値とその求め方：「644 − 834 = ▲190」
3．空欄（ウ）に入る数値とその求め方：「684 + 19 = 703」

【第2問】下記の（問1），（問2）について解答しなさい。

(2016年5月　第2問)

問1

高倉さんは，PX銀行（日本国内に本店のある普通銀行）に下記＜資料＞の預金を預け入れている。仮に，PX銀行が経営破たんした場合，預金保険制度により保護される元本（最大金額）に関する次の記述のうち，誤っているものはどれか。

＜資料＞

| 決済用預金 | 1,300万円 |
| 円定期預金 | 800万円 |
| 円普通預金（利息付き） | 700万円 |
| 譲渡性預金 | 400万円 |

※高倉さんはPX銀行において借入れはない。

1．決済用預金については，1,300万円が全額保護される。
2．円定期預金および円普通預金（利息付き）については，合算して1,000万円までが保護される。
3．譲渡性預金については，400万円が全額保護される。

問2

下記＜資料＞に関する次の記述のうち，最も不適切なものはどれか。なお，この企業の株価は1,500円であるものとし，購入時の手数料および税金は考慮しないこととする。

<資料>

| 年月 | 資本異動 | 株 | | 【株式】⅟₁₀ 1,796,514千株 | 【株主】⑱298,998<15.3> | 【特色】三菱商事と並ぶ総合商社の雄。鉄鉱石・原油 | 8031 三井物産 |
|---|---|---|---|---|---|---|---|
| 07.10 | 交換 | 181,761 | | 売100株 | 日本マスター信託口 | 【連結事業】鉄鋼製品3、金属資源15、機械・インフラ18、化学品16、エネルギー20、生活産業12、他（22） | |
| 10. 4 | 交換 | 182,915 | | 増額 27,001億【買残】 | 12,227 ( 6.8) | 【決算】3月 | |
| 13. 2 | 交換 | 182,915 | | 【財務】<15.6> 百万円 | 日本トラスティ信託口 | 【設立】1947.7 | |
| 14. 4 | 消却 | 179,651 | | 総資産 12,466,205 | 8,628 ( 4.8) | 【上場】1949.5 | |
| | | | | 自己資本 4,232,256 | 三井住友銀行 | | |
| 東証 | 高値 | 安値 | | 自己資本比率 33.9% | 3,850 ( 2.1) | | |
| 49~13 | 318007 | 55⑤50 | | 資本金 341,482 | 日本生命保険 | | |
| 14 | 1820(9) | 1307(2) | | 利益剰余金 2,583,203 | 3,507 ( 1.9) | | |
| 15.1~8 | 1759(5) | 1445(8) | | 有利子負債 4,896,200 | 三井住友海上火災 2,472 ( 1.3) | | |
| | | | | 【指標等】<15.3> | バンク・オブ・ニューヨーク・メ | | |
| | 高値 | 安値 出来高 | | ROE 7.7% ⅓5.7% | ロンSANV10 2,447 ( 1.3) | | |
| 15. 6 | 1743 | 1640 17,006 | | ROA 2.5% ⅓1.9% | ステート・ストリート・バンク&トラ | | |
| 7 | 1673 | 1536.5 19,559 | | 調整1株益 170.9円 | スト505234 2,420 ( 1.3) | | |
| #8 | 1677 | 1445 19,896 | | 最高純益（14.3） 350,093 | ステートストリートBウエストトリ | | |
| 【四半期進捗率】 3期平均29.9% | | | | 設備投資 ‥ → ‥ | ーティ505234 2,280 ( 1.2) | | |
| 今期─（─） | | | | 減価償却 ‥ → ‥ | 第一生命保険 2,044 ( 1.1) | | |
| 【格付】SPA+（安）M A2（安） | | | | 研究開発 ‥ → ‥ | 〈外国〉30.5% 〈浮動株〉12.5% | | |
| RUAA-（安） | | | | 【キャッシュフロー】億円 | 〈投信〉5.1% 〈特定株〉23.8% | | |
| 【業種】総合商社 | | | | 営業CF 6,399 ( 4,492) | 【役員】⑱飯島彰己 ⑱安永竜夫 ⑱雑賀大介 木下雅之 安部慎太郎 加藤広之 本坊 | | |
| 時価総額順位 2/8社 | | | | 投資CF ▲3,863 (▲6,598) | 吉博 鈴木愼一 〈欄外〉 | | |
| 【比較会社】8001 伊藤忠商事, 8053 住友商事, 8058 三菱商事 | | | | 財務CF ▲1,261 (▲132) | 【連結】米国三井物産 | | |
| | | | | 現金同等物 14,007 (12,263) | | | |

| 【業績】（百万円） | 営業収益 | 営業利益 | 税前利益 | 純利益 | 1株益(円) | 1株配(円) | 【配当】 | 配当金 | 【本社】100-8631東京都千代田区丸の内1-1-3 日本生命丸の内ガーデンタワー ☎03-3285-1111 |
|---|---|---|---|---|---|---|---|---|---|
| ○13. 3 | 4,911,609 | 254,603 | 314,098 | 307,926 | 168.7 | 43 | 13. 3 | 21 | 【事業所】(国内)大阪, 名古屋, 札幌, 他 計12 (海外)ニューヨーク, 他 計142 |
| ○14. 3 | 5,731,918 | 270,784 | 550,517 | 350,093 | 192.2 | 59 | 14. 9 | 25 | 【従業員】<15.3>⑱47,118名 6,085名(42.4歳)年1,361万円 |
| ○15. 3 | 5,404,930 | 190,270 | 431,827 | 306,490 | 171.0 | 64 | 14. 3 | 34 | 【証券】[上]4市場 幹野村, 大和, 日興, 三菱Uモル |
| ○16. 3予 | 5,100,000 | 230,000 | 390,000 | 240,000 | 133.9 | 64 | 14. 9 | 32 | 名三井住友信 監トーマツ |
| ○17. 3予 | 5,300,000 | 250,000 | 410,000 | 280,000 | 156.2 | 64 | 15. 3 | 32 | 【銀行】三井住友, みずほ, 三菱U, 三井住友信, |
| ⑭14. 9 | 2,747,569 | 139,239 | 312,081 | 222,660 | 124.2 | 32 | 16. 3予 | 32 | 国際協力 |
| ⑭15. 9予 | 2,600,000 | 135,000 | 220,000 | 140,000 | 78.1 | 32 | 予想配当利回り 4.26% | | 【仕入先】─ |
| 四14. 4- 6 | 1,370,526 | 71,174 | 173,134 | 127,806 | 71.3 | | 1株純資産<15.6> | | 【販売先】─ |
| 四15. 4- 6 | 1,283,689 | 80,744 | 152,766 | 96,937 | 54.1 | | | | |
| 四16. 3予 | ‥ | ‥ | 390,000 | 240,000 | (15.5.8発表) | | 2,361 (2,287) | | |

出所：東洋経済新報社「会社四季報」2015年第4集。

1. 2016年3月期の決算見込み額における株価収益率（PER）を，この企業の同業種の平均的な株価収益率（PER）が10.0倍であるとした場合，これと比較すると，この企業の株価は割高といえる。
2. この企業の株を2014年11月に購入し，2015年5月まで保有していた場合，所有期間に係る1株当たりの配当金額（税引前）は64円である。
3. この企業の株を1単元購入するために必要な資金は15万円である。

## 【第3問】下記の（問1）～（問3）について解答しなさい。

(2016年5月　第4問)

### 問1

中井一朗さんが加入している生命保険（下記＜資料＞参照）の保障内容に関する次の記述の空欄（ア）にあてはまる金額として，正しいものはどれか。なお，保険契約は有効に継続しているものとし，一朗さんはこれまでに＜資料＞の保険から保険金および給付金を一度も受け取っていないものとする。

＜資料＞

```
保険証券記号番号            定期保険特約付終身保険
○○△△××□□
```

| 保険契約者 | 中井　一朗　様 | 保険契約者印 | ◇契約日（保険期間の始期）<br>2009年8月1日 |
|---|---|---|---|
| 被保険者 | 中井　一朗　様<br>契約年齢　28歳（男性） | 中井 | ◇主契約の保険期間<br>終身 |
| 受取人 | （死亡保険金）<br>中井　美穂子　様（妻）　受取割合　10割 | | ◇主契約の保険料払込期間<br>60歳払込満了 |

◆ご契約内容

終身保険金額（主契約保険金額）　　　　　300万円
定期保険特約保険金額　　　　　　　　　1,200万円
特定疾病保障定期保険特約保険金額　　　　300万円
傷害特約保険金額　　　　　　　　　　　　100万円
災害入院特約［本人・妻型］入院5日目から　日額5,000円
疾病入院特約［本人・妻型］入院5日目から　日額5,000円
　不慮の事故や疾病により所定の手術を受けた場合，手術の種類に応じて手術給付金（入院給付金日額の10倍・20倍・40倍）を支払います。
※妻の場合は，本人の給付金の6割の日額となります。
成人病入院特約　　入院5日目から　日額5,000円
リビングニーズ特約

◆お払い込みいただく合計保険料

毎回　　××,×××円／月

［保険料払込方法（回数）］
　団体月払い

◇社員配当金支払方法
　利息を付けて積立
◇特約の払込期間および保険期間
　10年

中井一朗さんが，平成28年中に交通事故で死亡（即死）した場合に支払われる死亡保険金は，合計（　ア　）である。

1．1,900万円
2．1,600万円
3．1,500万円

## 問2

　東雅治さんが加入している医療保険（下記＜資料＞参照）の保障内容に関する次の記述の空欄（ア）にあてはまる金額として，正しいものはどれか。なお，保険契約は有効に継続しているものとし，雅治さんはこれまでに＜資料＞の保険から保険金および給付金を一度も受け取っていないものとする。

＜資料＞

| 保険種類　医療保険（無配当） | | 保険証券記号番号　△△△－××××|
|---|---|---|
| 保険契約者 | 東　雅治　様 | ご印鑑 |
| 被保険者 | 東　雅治　様<br>契約年齢 28歳　男性 | 東 |
| 受取人 | 〔給付金受取人〕被保険者　様<br>〔死亡保険金受取人〕東　友里恵　様<br>＊保険契約者との続柄：妻 | |

◆契約日
　2010年10月1日
◆主契約の保険期間
　終身
◆主契約の保険料払込期間
　終身

## ◆ご契約内容

| 給付金・保険金の内容 | 給付金額・保険金額 | 保険期間 |
|---|---|---|
| ガン診断給付金 | 初めてガンと診断されたとき　100万円 | 終身 |
| 入院給付金 | 日額　10,000円<br>＊病気やケガで1日以上継続入院のとき，入院開始日からその日を含めて1日目から支払います。<br>＊同一事由の1回の入院給付金支払い限度は60日，通算して1,000日となります。 | |
| 手術給付金 | 給付金額　入院給付金日額×10・20・40倍<br>＊所定の手術を受けた場合，手術の種類に応じて手術給付金（入院給付金日額の10倍・20倍・40倍）を支払います。 | |
| 死亡・高度障害保険金 | 保険金　1,000,000円<br>＊死亡または所定の高度障害となった場合に支払います。 | |

■保険料の内容

| 払込保険料合計 | ×,×××円／月 |
|---|---|
| 払込方法（回数）：年12回 | |
| 払込期月　　　：毎月 | |

■その他付加されている特約・特則等

保険料口座振替特約
＊以下余白

---

　東雅治さんが，平成28年中に交通事故で大ケガを負い，給付倍率20倍の手術（1回）を受け連続して65日間入院した場合，支払われる給付金は，合計（ア）である。

1．80万円
2．85万円
3．180万円

問3
　自動車損害賠償保障法および自動車損害賠償責任保険（以下「自賠責保険」という）に関する次の記述のうち，誤っているものはどれか。

1．自動車損害賠償保障法では，自動車を運行するためには自賠責保険の契約が義務づけられており，原動機付自転車も対象である。
2．自賠責保険では，自動車事故により他人に傷害を負わせた場合，傷害による損害に対して支払われる保険金の限度額は被害者1名につき100万円である。
3．自賠責保険では，保険金の支払いは自動車事故で他人を死傷させた損害を対象としており，自動車の修理代などの物損は対象とならない。

【第4問】下記の（問1），（問2）について解答しなさい。
(2016年1月　第1問)
問1
　ファイナンシャル・プランニング業務を行うに当たっては，関連業法を順守することが重要である。ファイナンシャル・プランナー（以下「FP」という）の行為に関する次の記述のうち，最も適切なものはどれか。

1．生命保険募集人の登録をしていないFPが，顧客から相談を受け，将来の必要保障額の試算および加入している保険の見直しを行った。
2．税理士資格を有していないFPが，公民館の無料相談会において，相談者の持参した資料に基づいて，相談者が納付すべき所得税の具体的な税額計算を行った。
3．投資助言・代理業の登録をしていないFPが，顧客と投資顧問契約を締結し，当該契約に基づいて特定の上場会社の業績予想や投資判断について助言をした。

# 66 | 第2章 リスク管理／金融資産運用

## 問2

下記は，大垣家のキャッシュフロー表（一部抜粋）である。このキャッシュフロー表の空欄（ア），（イ）にあてはまる数値の組み合わせとして，正しいものはどれか。なお，計算に当たっては，キャッシュフロー表中に記載の整数を使用し，計算結果は万円未満を四捨五入すること。

<大垣家のキャッシュフロー表>　　　　　　　　　　　　　　　　（単位：万円）

| 経過年数 | | | 現在 | 1年 | 2年 | 3年 |
|---|---|---|---|---|---|---|
| 西暦（年） | | | 2015 | 2016 | 2017 | 2018 |
| 平成（年） | | | 27 | 28 | 29 | 30 |
| 家族・年齢 | 大垣　陽介 | 本人 | 43歳 | 44歳 | 45歳 | 46歳 |
| | 緑 | 妻 | 35歳 | 36歳 | 37歳 | 38歳 |
| | 真里菜 | 長女 | 5歳 | 6歳 | 7歳 | 8歳 |
| | 凛太郎 | 長男 | 2歳 | 3歳 | 4歳 | 5歳 |
| | 愛梨 | 長女 | 0歳 | 1歳 | 2歳 | 3歳 |
| ライフイベント | | 変動率 | | | 真里菜小学校入学 | |
| 収　入 | 給与収入（夫） | 1％ | 498 | | | |
| | 給与収入（妻） | ― | 220 | 220 | 220 | 220 |
| | 収入合計 | ― | 718 | | （ア） | |
| 支　出 | 基本生活費 | 2％ | 298 | | | |
| | 住宅関連費 | ― | 122 | 122 | 122 | 122 |
| | 教育費 | ― | 82 | 73 | 65 | 65 |
| | 保険料 | ― | 62 | 62 | 62 | 62 |
| | 一時的支出 | ― | | | 15 | |
| | その他支出 | ― | 50 | 50 | 50 | 50 |
| | 支出合計 | ― | 614 | 611 | 624 | 615 |
| 年間収支 | | ― | | 104 | 112 | 118 |
| 金融資産残高 | | 1％ | 642 | （イ） | | 999 |

※年齢は各年12月31日現在のものとし，平成27年を基準年とする。
※記載されている数値は正しいものとする。
※問題作成の都合上，一部空欄にしてある。

1．（ア）728　　（イ）754
2．（ア）728　　（イ）760
3．（ア）732　　（イ）760

【第5問】下記の（問1）～（問3）について解答しなさい。

(2016年1月　第2問)

問1

下記は，投資信託の費用についてまとめた表である。下表に関する次の記述のうち，最も適切なものはどれか。

| 投資信託の費用 | 主な内容 |
| --- | --- |
| 購入時手数料 | 購入時に支払う費用。購入時手数料が徴収されない（ア）と呼ばれる投資信託もある。 |
| 運用管理費用（信託報酬） | 運用のための費用や情報開示のための費用として徴収される。信託財産の残高から，（イ），差し引かれる。 |
| 信託財産留保額 | 投資家間の公平性を保つために，一般的に，換金の際に徴収される。差し引かれた金額は，（ウ）。投資信託によっては差し引かれないものもある。 |

1．空欄（ア）に入る語句は，「ノーロード型」である。
2．空欄（イ）に入る語句は，「年に1回」である。
3．空欄（ウ）に入る語句は，「委託会社（運用会社）が受け取る」である。

## 問2

下記＜資料＞に基づく株式の評価尺度に関する次の記述のうち，誤っているものはどれか。

＜資料＞

| 株　価 | 2,500 円 |
|---|---|
| 1株当たり年間配当金 | 50 円 |
| 1株当たり利益 | 90 円 |
| 1株当たり純資産 | 2,000 円 |

1. 配当利回りは，「50円÷2,500円×100＝2.0（％）」である。
2. 株価収益率（PER）は，「2,500円÷90円≒27.8（倍）」である。
3. 株価純資産倍率（PBR）は，「2,000円÷2,500円＝0.8（倍）」である。

## 問3

個人向け国債に関する下表の空欄（ア）〜（ウ）に関する次の記述のうち，誤っているものはどれか。

| 償還期限 | 10年 | 5年 | 3年 |
|---|---|---|---|
| 金利 | 変動金利 | （ア）金利 | 固定金利 |
| 発行月（発行頻度） | 毎月（年12回） | | |
| 購入単位 | 1万円以上1万円単位 | | |
| 利払い | （イ） | | |
| 金利設定方法 | 基準金利×0.66 | 基準金利－0.05％ | 基準金利－0.03％ |
| 金利の下限 | 0.05％ | | |
| 中途換金 | 原則として，発行から（ウ）経過しなければ換金できない。 | | |

1. 空欄（ア）にあてはまる語句は，「固定」である。
2. 空欄（イ）にあてはまる語句は，「半年ごと（年2回）」である。
3. 空欄（ウ）にあてはまる語句は，「2年」である。

【第6問】下記の(問1)~(問5)について解答しなさい。

(2016年1月 第7問)

――《設 例》――

 吉岡浩一さんは、株式会社RTに勤める会社員である。浩一さんは40歳を過ぎたこともあり、今後の生活設計についてFPで税理士でもある神山さんに相談をした。なお、下記のデータはいずれも平成28年1月1日現在のものである。

[家族構成(同居家族)]

| 氏 名 | 続 柄 | 生年月日 | 年 齢 | 職 業 |
|---|---|---|---|---|
| 吉岡 浩一 | 本人 | 昭和48年10月10日 | 42歳 | 会社員 |
| 敬子 | 妻 | 昭和50年8月25日 | 40歳 | 専業主婦 |
| 美羽 | 長女 | 平成17年6月7日 | 10歳 | 小学生 |

[保有資産(時価)]　　　　　(単位:万円)

| 金融資産 | |
|---|---|
| 　普通預金 | 350 |
| 　定期預金 | 400 |
| 　財形年金貯蓄 | 270 |
| 　個人向け国債 | 50 |
| 生命保険(解約返戻金相当額) | 90 |
| 不動産(自宅マンション) | 2,400 |

[負債]
　住宅ローン(自宅マンション):1,700万円(債務者は浩一さん、団体信用生命保険付き)

[その他]
　上記以外については、各設問において特に指定のない限り一切考慮しないこととする。

## 問1

FPの神山さんは，吉岡家の平成28年1月1日時点のバランスシートを作成した。下表の空欄（ア）にあてはまる金額として，正しいものはどれか。なお，＜設例＞に記載のあるデータに基づいて解答することとし，＜設例＞に記載のないデータについては一切考慮しないこととする。また，問題作成の都合上，バランスシートの［資産］および［負債］の内訳の記載を省略している。

＜吉岡家のバランスシート＞　　　　　　　　　　　　　　　（単位：万円）

| ［資産］ | ××× | ［負債］ | ××× |
|---|---|---|---|
|  |  | ［純資産］ | （ア） |
| 資産合計 | ××× | 負債・純資産合計 | ××× |

1．1,070（万円）
2．1,860（万円）
3．3,560（万円）

## 問2

浩一さんは，定年を迎えた後，公的年金の支給が始まるまでの5年間の生活資金に退職一時金の一部を充てようと思っている。仮に，退職一時金のうち500万円を年利1％で複利運用しながら5年間で均等に取り崩すこととした場合，毎年の生活資金に充てることができる金額として，正しいものはどれか。なお，下記＜資料＞の3つの係数の中から最も適切な係数を選択して計算し，解答に当たっては，万円未満を四捨五入すること。また，税金や記載のない事項については一切考慮しないこととする。

＜資料：係数早見表（年利1.0％）＞

|  | 現価係数 | 減債基金係数 | 資本回収係数 |
|---|---|---|---|
| 5年 | 0.95147 | 0.19604 | 0.20604 |

※記載されている数値は正しいものとする。

1． 98万円
2． 103万円
3． 108万円

## 問3

浩一さんは，地震への備えの一つとして地震保険を契約することを検討している。地震保険に関する次の記述のうち，誤っているものはどれか。

1． 地震により発生した津波による損害は，保険金支払いの対象とならない。
2． 住宅総合保険などの火災保険契約に付帯して契約するものであり，単独で契約することはできない。
3． 建物の免震・耐震性能に応じた保険料割引制度がある。

## 問4

浩一さんは，通常65歳から支給される老齢基礎年金を繰り上げて受給できることを知り，FPの神山さんに質問をした。老齢基礎年金の繰上げ受給に関する次の記述のうち，最も不適切なものはどれか。なお，老齢基礎年金の受給要件は満たしているものとする。

1． 老齢基礎年金は，60歳以上65歳未満の間に繰り上げて受給することができる。
2． 老齢基礎年金を繰上げ受給した場合の年金額は，繰上げ月数1月当たり0.5％の割合で減額される。
3． 老齢基礎年金を繰上げ受給した場合，65歳になるまでであれば，老齢基礎年金の繰上げ受給を取り消すことができる。

## 問5

浩一さんは，会社の定期健康診断で異常を指摘され，平成27年11月に2週間ほど入院をして治療を受けた。その際の病院への支払いが高額であったた

め，浩一さんは健康保険の高額療養費制度によって払戻しを受けたいと考え，FPの神山さんに相談をした。浩一さんの平成27年11月の保険診療に係る総医療費が80万円であった場合，高額療養費制度により払戻しを受けることができる金額として，正しいものはどれか。なお，浩一さんは全国健康保険協会管掌健康保険（協会けんぽ）の被保険者で，標準報酬月額は「38万円」である。

＜70歳未満の者：医療費の自己負担限度額（1カ月当たり）＞

| 標準報酬月額 | 医療費の自己負担限度額 |
| --- | --- |
| 83万円以上 | 252,600円＋（総医療費－842,000円）×1％ |
| 53万円～79万円 | 167,400円＋（総医療費－558,000円）×1％ |
| 28万円～50万円 | 80,100円＋（総医療費－267,000円）×1％ |
| 26万円以下 | 57,600円 |
| 市町村民税非課税者等 | 35,400円 |

※多数該当および世帯合算については考慮しない。

1．70,180円
2．85,430円
3．154,570円

# 第1回 解答・解説　個人資産相続業務（金融財政事情研究会）

## 【第1問】

**問1　2）**　MMFとは，高格付けが付与された安全性の高い短期公社債および短期金融資産を中心に運用される公社債投資信託である。外貨建てMMFを購入する際には，外国証券取引口座を開設する必要がある。購入や売却の際には，売買手数料は発生しない。また，外貨建てMMFは，毎ファンド営業日に運用実績に応じて分配が行われ，その分配は利子所得として課税（所得税・住民税等）対象となる。

**問2　3）**　外貨預金は，預金保険制度の保護対象にはならない。また，外貨預金に係る利子所得に関しては，原則20.315％の源泉分離課税の対象となっている。そのため，利子を受け取ると同時に，源泉徴収で納税は既に終わっている。外貨預金の為替差益は，原則，総合課税（雑所得）の対象となっている。

**問3　1）**　利　息　　10,000米ドル×0.3％＝30米ドル
　　　　　　　元利金　　10,000米ドル＋30米ドル＝10,030米ドル
　　外貨を円貨で受け取るため，ここではTTBの為替レートを活用する。したがって，10,030米ドル×118円＝1,183,540円となる。

## 【第2問】

**問1　2）**　配当金は，企業の業績によって変動するものである。そのため，決算期毎に同額が支払われることはない。この配当金は，取締役会および株主総会で決定される。

問2　2）　①　PER（株価収益率）は，株価÷1株当たりの当期純利益によって算出される。1株当たりの当期純利益は，200億株÷1億株＝200円となる。

2,000円÷200円＝10倍

②　PBR（株価純資産倍率）は，株価÷1株当たりの純資産によって算出される。1株当たりの純資産は，2,500億円÷1億株＝2,500円となる。

2,000円÷2,500円＝0.8倍

③　配当性向は，1株当たりの配当金÷1株当たりの当期純利益×100により算出される。

40円÷200円×100＝20％

問3　1）　最終利回りは，以下の式により算出される。

$$\frac{表面利率+\dfrac{償還価格（100円）-買付価格}{残存期間}}{買付価格}\times 100$$

$$\frac{1.3+\dfrac{償還価格（100円）-101.5}{3}}{101.5}\times 100 = 0.788177\cdots \fallingdotseq 0.79\%$$

# 第2回 解答・解説　保険顧客資産相談業務（金融財政事情研究会）

## 【第1問】

**問1　3）** 大学進学時に独立行政法人日本学生支援機構による奨学金制度が提供されている。この制度には，返済義務のある第一種奨学金と第二種奨学金が用意されている。第一種奨学金は，在学中および卒業後は無利息である。第二種奨学金は，在学中は無利息であるものの，卒業後は利息が発生するものである。

**問2　2）** 学資（こども）保険は，15歳満期，18歳満期，22歳満期などの商品が提供されている。現在，満期時期の選択肢が拡大し，毎月の収支バランスを考えながら，保険料の払い込み期間を検討することが可能になっている。ただし，保険料払い込み期間を5年もしくは10年とした際には，その分，満期までの期間が短縮化されることにより受取率（返戻率）は低くなる。

**問3　2）** 個人年金保険料控除の適用を受けるための要件として，年金の受取人が契約者もしくは配偶者であること，さらに被保険者と同一であることが求められている。そのため，学資保険の被保険者は子供であり，保険の受取人は契約者である親であることから，同一ではないため控除の対象にはならない。また，据置保険金は，受取時期を単に延ばしただけであり，満期日に受け取ったこととして見なされるため，所得税および住民税の課税対象となる。

## 【第2問】

**問1　1）** 地震保険料控除は，所得税では，保険料が5万円以下の場合には全額，住民税では，保険料の2分の1が控除される。ここでは，所得

控除についての問題であるため，年間支払保険料の 25,000 円が全額控除されることになる。

扶養控除の対象要件として，合計所得額が 38 万円以下（年収では 103 万円以下）であることがあげられる。妻Bさんは，給与収入が 80 万円ということから，扶養控除の対象となる。その控除額は 38 万円である。

問2　3）　住宅ローン控除の適用を受ける場合には，初年度のみ，自身での確定申告が必要になってくるが，2 年目以降は，勤務先での年末調整で適用を継続することができる。青色申告は，不動産所得，事業所得，山林所得を受け取った際に行うものである。Aさんの所得は給与所得と一時所得（契約から 7 年後の一時払額個人年金保険）であることから，青色申告には該当しない。

問3　1）　給与所得は，給与収入額－給与所得控除額により算出される。給与所得＝900 万円－（900 万円×10％＋120 万円）＝690 万円となる。一時所得は，収入額－収入を得るための支出額－特別控除額（最高 50 万円）により算出される。ここでの一時所得は，解約返戻金－払込保険料－特別控除額＝600 万円－500 万円－50 万円＝50 万円となる。総所得金額を計算するに際し，一時所得が黒字の場合には，一時所得の金額の 2 分の 1 の金額が対象となる。したがって，本問の総所得金額は，690 万円＋25 万円＝715 万円となる。

【第3問】
問1　3）　遺族基礎年金は，子のある配偶者および子が受給の対象となる。その年金額は，子のある配偶者が受給する場合には，78 万 100 円である。子の加算額は，子二人までは子一人当たり 22 万 4,500 円である。3 人目からの子は，一人当たり 7 万 4,800 円である。したがって，本問の遺族基礎年金の年金額の式は，780,100 円（妻Bさん）＋224,500 円（長男Cさん）＋224,500 円（長男Dさん）となる。

**問2　3）**　遺族厚生年金額は，Aさんの厚生年金保険の被保険者期間を基礎として計算した老齢厚生年金の報酬比例部分の額の4分の3に相当する額となる。計算する際の基礎となる被保険者期間の月数が300月に満たない場合には，300月として計算することができる保障が付与されている。二男Dさんの18歳到達年度の末日が終了すると，妻Bさんの遺族年金の受給権が消滅することになる。その後，妻Bさんが65歳に達するまでの期間，遺族年金の額に中高齢寡婦加算が加味される。

**問3　1）**　介護保険の給付を受ける場合には，市区町村および特別区からの要介護認定もしくは要支援認定を受ける必要がある。また，介護保険の自己負担は1割となっている。その際，食費が居住費等は除外される。さらに年金収入額が一定以上を超える場合の自己負担は2割となっている。

## 第3回 解答・解説　資産設計提案業務（日本ファイナンシャルプランナーズ協会）

【第1問】

問1　1）　税理士資格を有していないFPは，具体的な税務相談および税務書類の作成を行うことはできない。

問2　3）　（ウ）の金融資産残高は，以下の式により算出される。現在の684万円に変動率である1％を掛ける。そのうえで，年間収支の19万円を加算する。したがって，684万円×（1＋1÷100）＋19万円＝709.84万円≒710万円となる。

【第2問】

問1　3）　無利息，要求払い，決済サービスという特徴を有する決済性預金（当座預金，無利息普通預金など）は，預金保険制度により全額保護の対象となっている。また，定期預金および普通預金は，一金融機関の破たんにより預金者一人当たり，元本1,000万円とその利息が保護の対象となっている。ただし，譲渡性預金は保護の対象外となっている。

問2　2）　PER（株価収益率）は，株価÷一株当たりの利益により算出される。本問では，1,500円÷133.9円（2016年3月予想）により算出される。したがって，PERは11.2倍となる。さらに，この企業の株を1単元（100株）購入するためには15万円（＝1,500円×100株）が必要である。また，この企業の株を2014年11月に購入し，2015年5月に売却した場合の配当金は，32円である。

## 【第3問】

**問1** 1） 交通事故で死亡（即死）した場合，中川一朗さんが加入していた定期保険特約付終身保険の契約では，終身保険，定期保険特約保険，特定疾病保障定期保険特約保険，傷害特約保険から保険金および給付金が支給される。そのため，本問の死亡保険金の合計は，300万円 + 1,200万円 + 300万円 + 100万円 = 1,900万円となる。

**問2** 1） 東雅治さんが加入している医療保険の入院給付金を見ると，同一事由の1回の入院給付金支払い限度は60日と記載されている。東さんは，65日間の入院をしたが限度は60日であるため，入院給付金は，10,000円 × 60日 = 60万円となる。また手術を受けていることから，手術給付金は，10,000円 × 20（給付倍率20倍の手術） = 20万円となる。したがって，支払われる給付金は，60万円 + 20万円 = 80万円である。

**問3** 2） 自賠責保険とは，自動車を運転する場合には，加入が義務付けられているものである。傷害事故の場合には，一人当たり最高120万円が支払われる。後遺障害がある場合には，75万円から4,000万円が支給される。また死亡事故の場合には，一人当たり最高3,000万円が支払われる。

## 【第4問】

**問1** 1） 税理士資格を有していないFPは，具体的な税務相談および税務書類の作成を行うことはできない。また，投資助言や代理業を行う場合には，金融商品取引業者としての登録が必要である（金融商品取引法）。そのため，特定の上場会社の業績予想および投資判断についての助言はできない。ただし，一般的な情報（新聞や雑誌を活用）を提供することはできる。

問2　2）（ア）夫の給与収入は変動率1％を用いて計算する。2年後の収入は，498万円×（1＋1÷100）² ≒ 508万円となる。妻の給与収入は変動しないため，大垣家の収入合計は，508万円＋220万円＝728万円となる。

（イ）現在の金融資産残高である642万円に変動率である1％を掛ける。そのうえで，年間収支の112万円を加算する。したがって，642万円×（1＋1÷100）＋112万円 ≒ 760万円となる。

## 【第5問】

問1　1）　運用管理費用（信託報酬）とは，運用のための費用および情報開示のための費用である。この費用は，信託財産の残高から毎日一定割合の額が差し引かれている。信託財産留保額は，投資信託を解約する際に発生する費用である。この差し引かれた額は，他の投資家を保護するために信託財産内に残されている。また，投資信託の種類によっては，このような費用が発生しない場合もある。

問2　3）　配当利回りは，1株あたりの年間配当金÷株価×100により算出される。そのため，50円÷2,500円×100＝2.0％となる。PER（株価収益率）は，株価÷1株あたりの当期純利益により算出される。したがって，2,500円÷90円＝27.77 ≒ 27.8倍である。PBR（株価純資産倍率）は，株価÷1株あたりの純資産により算出される。ここでは，2,500÷2,000＝1.25倍となる。

問3　3）　個人向け社債は，固定金利で3年物および5年物，変動金利で10年物がある。利払いは年2回（半年ごと）支払われる。中途換金に関しては，原則として1年を経過すると自由に換金することができる。その際，国が額面で買い取ることになっている。

## 【第6問】

**問1　2）** 純資産は，総資産（総資本）−負債により算出される。本問の総資産は，保有資産である金融資産，生命保険（解約返戻金相当額），不動産（自宅マンション）を加算することにより算出される。したがって，総資産は，350万円 + 400万円 + 270万円 + 50万円 + 90万円 + 2,400万円 = 3,560万円である。そのため，純資産は，3,560万円 − 1,700万円 = 1,860万円となる。

**問2　2）** 現価係数とは，目標とする額を一定期間後に受け取るためには，現在どのくらいの資金が必要であるのかを計算するものである。減債基金係数とは，元本を複利で運用しながら，目標とする額を一定期間後に受け取るためには，毎年，どのくらいの資金を積み立てていったらよいのかを計算するものである。資本回収係数とは，元本を複利で運用しながら，毎年一定の金額を受け取るのであれば，毎年，どのくらいの額を受け取ることができるのかを計算するものである。ここでの問では資本回収係数を用いて算出することになる。したがって，500万円 × 0.20604 = 103.02 ≒ 103万円となる。

**問3　1）** 地震保険は，住居のみに使われている建物やその家財が保険の対象となっている。さらに対象となる事故として，地震，噴火，津波による火災や損壊があげられる。ただし，地震保険は単独で契約することはできない。火災保険の特約として加入することができる保険である。

**問4　3）** 老齢基礎年金は，原則65歳から受給されることになっているが，年金を繰上げ（60歳〜64歳までに年金を受給）もしくは繰下げ（66歳〜70歳）することも可能である。老齢基礎年金を繰上げ受給した場合には，1カ月当たり0.5％の減額が実施される。その減額になった年金額が一生涯受給されることになる。他方，老齢基礎年金を繰下げ受給した場合には，1カ月当たり0.7％の増額が実施される。その増額になった

年金額が一生涯受給されることになっている。

**問5** 3） 高額療養費とは，1カ月間，同一の診療を受け，自己負担額が一定基準を超えた際に超過した金額の部分を支給してくれるものである。この医療費の自己負担限度額は，標準報酬月額によって5段階に分かれている。浩一さんは，標準報酬月額が38万円であるため，「28万円～50万円」の医療費の自己負担限度額を求める式を適用すると，自己負担限度額は80,100円＋（800,000円－267,000円）×1％＝85,430円となる。また，医療費の自己負担の割合は原則3割（69歳以下）となっている。そのため，浩一さんの自己負担額は，800,000円×30％＝240,000円となる。これにより，高額療養費を算出すると，240,000円－85,430円＝154,570円である。

# 第3章

# タックスプランニング／不動産

## 第1回 問題 個人資産相続業務（金融財政事情研究会）

【第1問】次の設例に基づいて，下記の各問（《問1》～《問3》）に答えなさい。
(2016年5月 第3問)

《設 例》

　会社員のAさん（42歳）は，妻Bさん（40歳），長女Cさん（17歳）および長男Dさん（14歳）との4人家族である。Aさんは平成27年9月に住宅ローンを利用して新築の戸建住宅（認定長期優良住宅および認定低炭素住宅ではない）を購入し，同月中に入居した。
　Aさんの平成27年分の収入等に関する資料等は，以下のとおりである。

〈Aさんの家族構成〉
・Aさん　　：会社員
・妻Bさん　：専業主婦。平成27年中にパートタイマーとして給与収入80万円を得ている。
・長女Cさん：高校生。平成27年中に収入はない。
・長男Dさん：中学生。平成27年中に収入はない。

〈Aさんの平成27年分の収入等に関する資料〉
・給与収入の金額　　　　　：800万円
・上場株式の譲渡所得の金額：100万円

〈Aさんが購入した住宅に関する資料〉
　住宅の建物および敷地を平成27年9月に一括で取得し，同月中に入居し，その全部を住宅としている。

住宅（建物）の取得価額…………1,944万円（消費税額等8％込）
土地（住宅の敷地）の取得価額…1,200万円
資金調達：自己資金 ……………1,144万円
　　　　　銀行借入金 …………2,000万円（20年の割賦償還，平成27年の年末残高は1,980万円）

住宅（建物）の床面積………………110 m²
土地（住宅の敷地）の面積…………100 m²

※妻Bさん，長女Cさんおよび長男Dさんは，Aさんと同居し，生計を一にしている。
※家族は，障害者および特別障害者には該当しない。
※家族の年齢は，いずれも平成27年12月31日現在のものである。

※上記以外の条件は考慮せず，各問に従うこと。

《問1》住宅借入金等特別控除に関する以下の文章の空欄①～③に入る語句の組合せとして，次のうち最も適切なものはどれか。

　Aさんが平成27年分の所得税の確定申告により，住宅借入金等特別控除の適用を受けた場合，住宅借入金等特別控除の控除期間は，最長で（　①　）である。また，各年分の住宅借入金等特別控除の控除限度額は，住宅借入金の年末残高に（　②　）の控除率を乗じて算出される。なお，Aさんの合計所得金額が（　③　）を超えた年分については，住宅借入金等特別控除の適用を受けることができない。

1）① 20年間　　② 1.0%　　③ 2,000万円
2）① 20年間　　② 1.5%　　③ 3,000万円
3）① 10年間　　② 1.0%　　③ 3,000万円

《問2》Aさんの平成27年分の所得税の所得控除に関する次の記述のうち，最も適切なものはどれか。
1）妻Bさんは控除対象配偶者に該当するため，Aさんは，配偶者控除（控除額38万円）の適用を受けることができる。
2）長女Cさんは特定扶養親族に該当するため，Aさんは，長女Cさんについて扶養控除（控除額63万円）の適用を受けることができる。
3）長男Dさんは一般の控除対象扶養親族に該当するため，Aさんは，長男Dさんについて扶養控除（控除額38万円）の適用を受けることができる。

《問3》Aさんの平成27年分の総所得金額として，次のうち最も適切なものはどれか。
1）600万円
2）650万円
3）700万円

〈資料〉給与所得控除額

| 給与収入金額 | 給与所得控除額 |
|---|---|
| 万円超　～　180万円以下 | 収入金額×40%（65万円に満たない場合は，65万円） |
| 180　～　360 | 収入金額×30%　＋　18万円 |
| 360　～　660 | 収入金額×20%　＋　54万円 |
| 660　～　1,000 | 収入金額×10%　＋　120万円 |
| 1,000　～　1,500 | 収入金額×5%　＋　170万円 |
| 1,500　～ | 245万円 |

【第2問】次の設例に基づいて，下記の各問（《問1》～《問3》）に答えなさい。

(2016年5月　第4問)

―《設　例》―

　会社役員のAさん（64歳）は，Bさんから甲土地を購入して，その土地の上に賃貸アパート（居住用）を建築し，賃貸アパートの経営を始めたいと考えている。

　AさんがBさんから購入を予定している甲土地の概要は，以下のとおりである。

〈甲土地の概要〉

幅員6m（公道）

20m　　甲土地　320m²　　16m

用途地域　　：第一種住居地域
指定建ぺい率：60%
指定容積率　：200%
前面道路幅員による容積率の制限
　　　　　　：前面道路幅員×$\frac{4}{10}$
防火規制　　：なし

※指定建ぺい率および指定容積率とは，それぞれ都市計画において定められた数値である。

※上記以外の条件は考慮せず，各問に従うこと。

《問1》不動産登記に関する以下の文章の空欄①~③に入る語句の組合せとして，次のうち最も適切なものはどれか。

> 土地の購入にあたっては，法務局で交付される（ ① ）の記載内容を確認することにより，土地の権利関係等を調べることができる。不動産の登記記録は，「表題部」と「権利部」により構成されており，権利関係については，「権利部」の甲区には（ ② ）に関する登記事項，乙区には賃借権などの（ ② ）以外の権利に関する登記事項が記録されている。なお，（ ① ）の交付請求は（ ③ ）行うことができるが，その記載内容に公信力はないため，現地調査等の他の手段でも不動産の状況を確認することが重要である。

1) ① 登記識別情報通知書　② 所有権
　③ 所有者から許可を得た者のみ
2) ① 登記事項証明書　② 所有権　③ 誰でも
3) ① 登記事項証明書　② 抵当権
　③ 所有者から許可を得た者のみ

《問2》Aさんが甲土地を購入して，賃貸アパートを建築し，経営する場合の税金の取扱いに関する次の記述のうち，最も不適切なものはどれか。

1) Aさんが建築する賃貸アパートを住宅として貸し付けた場合，原則として，その貸付けによる家賃に対して消費税が課される。
2) 賃貸アパートの経営による不動産所得の金額の計算上損失が生じ，他の各種所得の金額と損益通算を行う場合，その損失の金額のうち，甲土地を取得するために要した負債の利子の額に相当する部分の金額は，損益通算の対象とならない。
3) Aさんが建築する賃貸アパートが不動産取得税の課税標準の特例の要件を満たす場合，賃貸アパートの独立的に区画された1室ごとの価格（固定資産

税評価額）から所定の金額を控除した額を不動産取得税の課税標準とすることができる。

《問3》 Aさんが甲土地に耐火建築物である賃貸アパートを建築する場合の最大延べ面積は，次のうちどれか。
1）320 m² × 60% = 192 m²
2）320 m² × 200% = 640 m²
3）320 m² × 240% = 768 m²

【第3問】次の設例に基づいて，下記の各問（《問1》～《問3》）に答えなさい。
(2016年1月 第3問)

――――《設 例》――――

　Aさん（54歳）は，X株式会社に勤務する会社員である。Aさんは，平成27年中に，加入していた下記の生命保険を解約し，解約返戻金を受け取っている。
　Aさんの平成27年分の収入等に関する資料等は，以下のとおりである。

〈Aさんの家族構成〉
・Aさん（54歳）　　：会社員
・妻Bさん（48歳）　：専業主婦。平成27年中にパートタイマーとして給与収入96万円を得ている。
・長女Cさん（20歳）：大学生。平成27年中に収入はない。
・二女Dさん（15歳）：中学生。平成27年中に収入はない。

〈Aさんの平成27年分の収入等に関する資料〉
・給与収入の金額　　：900万円
・生命保険の解約返戻金：600万円

〈Aさんが平成27年中に解約した生命保険に関する資料〉
　　保険の種類　　　　　　：一時払変額個人年金保険
　　契約年月日　　　　　　：平成18年5月1日
　　契約者（＝保険料負担者）：Aさん
　　解約返戻金額　　　　　：600万円
　　正味払込保険料　　　　：500万円

※妻Bさん，長女Cさんおよび二女Dさんは，Aさんと同居し，生計を一にしている。
※家族は，いずれも障害者および特別障害者には該当しない。
※家族の年齢は，いずれも平成27年12月31日現在のものである。

※上記以外の条件は考慮せず，各問に従うこと。

《問1》 Aさんの平成27年分の所得税の確定申告に関する以下の文章の空欄①～③に入る語句の組合せとして，次のうち最も適切なものはどれか。

ⅰ）給与所得者の給与から源泉徴収された所得税は，勤務先で行う年末調整によって精算されるため，その年分の所得が給与所得だけであれば，通常，給与所得者は所得税の確定申告は不要である。しかし，その年分の給与収入の金額が（ ① ）を超える給与所得者は，年末調整の対象とならないため，所得税の確定申告をしなければならない。

ⅱ）Aさんの平成27年分の給与収入の金額は900万円であり，（ ① ）を超えていないが，Aさんは平成27年中に生命保険の解約返戻金を受け取っており，この解約返戻金に係る所得金額が（ ② ）を超えるため，Aさんは所得税の確定申告をしなければならない。なお，平成27年分の所得税の確定申告書の提出期限は，原則として，平成28年（ ③ ）である。

1) ① 1,500万円　② 10万円　③ 3月15日
2) ① 2,000万円　② 20万円　③ 3月15日
3) ① 2,000万円　② 10万円　③ 3月31日

《問2》Aさんの平成27年分の所得税における所得控除に関する次の記述のうち，最も不適切なものはどれか。

1) 妻Bさんは給与収入の金額が38万円を超えており，控除対象配偶者に該当しないため，Aさんは，妻Bさんについて配偶者控除の適用を受けることはできない。
2) 長女Cさんは特定扶養親族に該当するため，Aさんは，長女Cさんについて扶養控除（控除額63万円）の適用を受けることができる。
3) 二女Dさんは控除対象扶養親族に該当しないため，Aさんは，二女Dさんについて扶養控除の適用を受けることはできない。

《問3》Aさんの平成27年分の総所得金額は，次のうちどれか。

1) 715万円
2) 740万円
3) 790万円

〈資料〉給与所得控除額

| 給与収入金額 | | | 給与所得控除額 |
| --- | --- | --- | --- |
| 万円超 | | 万円以下 | |
| | ～ | 180 | 収入金額×40%（65万円に満たない場合は，65万円） |
| 180 | ～ | 360 | 収入金額×30% + 18万円 |
| 360 | ～ | 660 | 収入金額×20% + 54万円 |
| 660 | ～ | 1,000 | 収入金額×10% + 120万円 |
| 1,000 | ～ | 1,500 | 収入金額×5% + 170万円 |
| 1,500 | ～ | | 245万円 |

## 第3章 タックスプランニング／不動産

**【第4問】** 次の設例に基づいて，下記の各問（《問1》～《問3》）に答えなさい。
(2016年1月 第4問)

---

《設 例》

会社員のAさん（50歳）は，平成27年10月に，母親の自宅およびその敷地（甲土地）を相続により取得した。Aさんはすでに自宅マンションを所有しているため，母親の自宅を取り壊し，甲土地に賃貸アパートを建築したいと考えている。

甲土地の概要は，以下のとおりである。

〈甲土地の概要〉

幅員6m（公道）

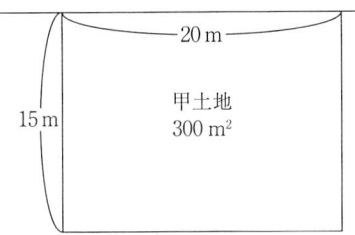

20m　15m　甲土地 300m²

用途地域　　：第一種中高層住居専用地域
指定建ぺい率：60％
指定容積率　：200％
前面道路幅員による容積率の制限
　　　　　　：前面道路幅員 × $\frac{4}{10}$
防火規制　　：なし

※指定建ぺい率および指定容積率とは，それぞれ都市計画において定められた数値である。

※上記以外の条件は考慮せず，各問に従うこと。

《問1》甲土地の取得および賃貸アパートの建築に関する次の記述のうち、最も不適切なものはどれか。
1）相続による甲土地の取得に対しては、不動産取得税が課されない。
2）甲土地に耐火建築物を建築する場合、建ぺい率の上限は緩和され、指定建ぺい率に10％が加算される。
3）Aさんは、賃貸アパートを新築した日から所定の期間内に、新築建物に関する表題登記の申請をしなければならない。

《問2》Aさんが甲土地に賃貸アパートを建築する際の最大延べ面積は、次のうちどれか。
1）300㎡ × 60％ = 180㎡
2）300㎡ × 200％ = 600㎡
3）300㎡ × 240％ = 720㎡

《問3》固定資産税に関する以下の文章の空欄①～③に入る語句の組合せとして、次のうち最も適切なものはどれか。

　毎年（①）現在において土地・家屋の所有者として固定資産課税台帳に登録されている者に対しては、土地・家屋に係る地方税である固定資産税が課される。固定資産税の税額は課税標準に税率を乗じて計算され、その課税標準の基礎となる価格（固定資産税評価額）は、原則として、（②）に1度評価替えが行われる。
　また、土地・家屋に係る固定資産税の標準税率は1.4％であり、各市町村はこれを超える税率を条例によって定めることが（③）。

1）① 1月1日　② 5年　③ できない
2）① 4月1日　② 3年　③ できない
3）① 1月1日　② 3年　③ できる

# 第2回 問題　保険顧客資産相談業務（金融財政事情研究会）

【第1問】次の設例に基づいて，下記の各問（《問1》～《問3》）に答えなさい。

（2016年1月　第3問）

《設例》

　株式会社Ｘ社（以下，「Ｘ社」という）の二代目社長であるＡさん（40歳）は，現在，Ｙ生命保険会社から退職金準備や事業保障資金の確保等を目的とした2つの生命保険契約の提案を受けている。

＜資料＞Ｙ生命保険会社から提案を受けた生命保険の契約内容

① 長期平準定期保険（特約付加なし）

| | |
|---|---|
| 契約形態 | ：契約者（＝保険料負担者）・死亡保険金受取人＝Ｘ社<br>　被保険者＝Ａさん |
| 保険期間・保険料払込期間 | ：99歳満了 |
| 死亡保険金額 | ：1億円 |
| 年払保険料 | ：210万円 |
| 70歳時の解約返戻金額 | ：5,700万円 |

② 無配当定期保険（特約付加なし）

| | |
|---|---|
| 契約形態 | ：契約者（＝保険料負担者）・死亡保険金受取人＝Ｘ社<br>　被保険者＝Ａさん |
| 保険期間・保険料払込期間 | ：10年（自動更新タイプ） |
| 死亡保険金額 | ：1億円 |
| 年払保険料 | ：29万円 |

※上記以外の条件は考慮せず，各問に従うこと。

《問1》 仮に，将来X社がAさんに役員退職金6,000万円を支給した場合，Aさんが受け取る役員退職金に係る退職所得の金額の計算式として，次のうち最も適切なものはどれか。なお，Aさんの役員在任期間（勤続期間）を30年とし，これ以外に退職手当等の収入はなく，障害者になったことが退職の直接の原因ではないものとする。

1) 〔6,000万円 − {800万円 + 70万円 ×（30年 − 20年)}〕× $\frac{1}{2}$ = 2,250万円

2) 〔6,000万円 − {800万円 + 40万円 ×（30年 − 20年)}〕× $\frac{1}{2}$ = 2,400万円

3) 6,000万円 − {800万円 + 70万円 ×（30年 − 20年)} = 4,500万円

《問2》 設例の＜資料＞①長期平準定期保険の第1回保険料払込時の経理処理（仕訳）として，次のうち最も適切なものはどれか。

1)

| 借　方 | 貸　方 |
|---|---|
| 現金・預金　　　210万円 | 定期保険料　　　210万円 |

2)

| 借　方 | 貸　方 |
|---|---|
| 前払保険料　　　210万円 | 現金・預金　　　210万円 |

3)

| 借　方 | 貸　方 |
|---|---|
| 定期保険料　　　105万円 | 現金・預金　　　210万円 |
| 前払保険料　　　105万円 | |

《問3》 設例の＜資料＞②無配当定期保険に関するアドバイスとして，次のうち最も適切なものはどれか。

1)「保険期間中に被保険者であるAさんが死亡した場合，X社はそれまでに

資産計上していた前払保険料を取り崩して，受け取った死亡保険金との差額を雑収入として経理処理します」
2)「Aさんが死亡した場合にX社が受け取る死亡保険金は，借入金返済や運転資金等の事業保障資金として活用することができます」
3)「この生命保険は保険期間満了時には解約返戻金が0円となりますが，保険期間の途中で解約すれば多額の解約返戻金を受け取れますので，Aさんに支給する役員退職金を準備する方法として適しています」

【第2問】次の設例に基づいて，下記の各問（《問1》～《問3》）に答えなさい。
(2016年1月　第4問)

《設　例》

　個人事業主のAさん（青色申告者）の平成27年分の所得金額等に関する資料等は，以下のとおりである。なお，不動産所得の金額の前の「▲」は，赤字であることを表している。

＜Aさんの平成27年分の所得金額等に関する資料＞
(1) 事業所得の金額　　：800万円（青色申告特別控除後）
(2) 不動産所得の金額：▲50万円
　　※不動産所得の金額の計算上，必要経費のなかに土地等を取得するために要した負債の利子はない。
(3) 一時払養老保険の満期保険金
　　　契約年月　　　　　　　　　：平成17年9月
　　　契約者（＝保険料負担者）・被保険者：Aさん
　　　満期保険金受取人　　　　　：Aさん
　　　死亡保険金受取人　　　　　：妻Bさん
　　　満期保険金額　　　　　　　：530万円
　　　一時払保険料　　　　　　　：500万円

＜Aさんが平成27年中に支払った保険料に関する資料＞
　① 終身保険
　　　契約年月　　　　　　：平成4年9月
　　　契約者・被保険者　　：Aさん
　　　死亡保険金受取人　　：妻Bさん
　　　正味払込済保険料　　：180,000円
　② 個人年金保険（個人年金保険料税制適格特約付加）
　　　契約年月　　　　　　　　：平成13年10月
　　　契約者・被保険者・年金受取人：Aさん
　　　正味払込済保険料　　　　：120,000円
※上記①②ともに，平成24年以後に契約の更新・転換・特約の中途付加等を行っていない。
※上記以外の条件は考慮せず，各問に従うこと。

《問1》所得税の計算等に関する以下の文章の空欄①〜③に入る語句または数値の組合せとして，次のうち最も適切なものはどれか。

ⅰ）各種所得金額の計算において，不動産所得，事業所得，山林所得，（①）所得の金額の計算上生じた損失の金額（一部対象とならないものがある）があるときは，一定の順序に従って他の所得金額から控除することができる。

ⅱ）Aさんは，所定の要件を満たすことで，青色申告特別控除として最高（②）万円の控除を受けることができる。ただし，確定申告書を申告期限後に提出した場合，青色申告特別控除の額は，最高（③）万円となる。

ⅲ）Aさんが，AさんやAさんと生計を一にする配偶者その他の親族のために医療費を支払った場合，Aさんは医療費控除の適用を受けることができる。ただし，平成27年中に支払った医療費の総額が（③）万円

を超えていなければ、医療費控除額が算出されないため、医療費控除の適用を受けることはできない。

1) ① 雑　　　② 55　　③ 10
2) ① 譲渡　　② 65　　③ 10
3) ① 一時　　② 65　　③ 20

《問2》 Aさんの平成27年分の所得税における生命保険料控除の控除額は、次のうちどれか。

1) 50,000 円
2) 80,000 円
3) 100,000 円

<資料>所得税における生命保険料控除額
・平成23年12月31日以前に締結した保険契約

| 年間支払保険料 | 控除額 |
| --- | --- |
| 2万5,000円以下 | 支払保険料の全額 |
| 2万5,000円超 5万円以下 | 支払保険料×$\frac{1}{2}$＋1万2,500円 |
| 5万円超 10万円以下 | 支払保険料×$\frac{1}{4}$＋2万5,000円 |
| 10万円超 | 5万円 |

・平成24年1月1日以後に締結した保険契約

| 年間支払保険料 | 控除額 |
| --- | --- |
| 2万円以下 | 支払保険料の全額 |
| 2万円超 4万円以下 | 支払保険料×$\frac{1}{2}$＋1万円 |
| 4万円超 8万円以下 | 支払保険料×$\frac{1}{4}$＋2万円 |
| 8万円超 | 4万円 |

《問3》 Aさんの平成27年分の総所得金額は、次のうちどれか。

1) 750万円
2) 780万円
3) 800万円

# 第3回 問題 資産設計提案業務（日本ファイナンシャルプランナーズ協会）

【第1問】下記の（問1），（問2）について解答しなさい。

(2016年5月 第3問)

問1
　建築基準法に従い，下記＜資料＞の土地に建築物を建築する場合，この土地に対する建築物の建築面積の最高限度として，正しいものはどれか。なお，記載のない条件については一切考慮しないこととする。

＜資料＞

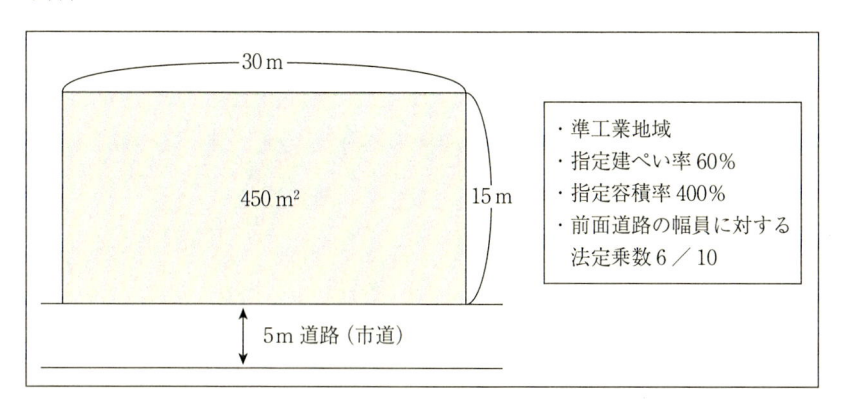

```
          30 m
   ┌──────────────┐
   │              │     ・準工業地域
   │              │     ・指定建ぺい率60％
   │   450 m²    │15 m ・指定容積率400％
   │              │     ・前面道路の幅員に対する
   │              │       法定乗数6／10
   └──────────────┘
        ↕
       5m 道路（市道）
```

1．270 m$^2$
2．1,350 m$^2$
3．1,800 m$^2$

問2
　建物の登記記録の構成に関する下表の空欄（ア）にあてはまる語句として，誤っているものはどれか。なお，問題作成の都合上，表の一部を空欄（＊＊＊）としている。

<建物登記記録の構成>

| 表題部 | *** | |
|---|---|---|
| 権利部 | 甲区 | （ア） |
| | 乙区 | *** |

1．抵当権設定登記
2．所有権移転登記
3．所有権保存登記

【第2問】下記の（問1），（問2）について解答しなさい。

(2016年5月　第5問)

問1

荒井幸一さんは，自分が所有している土地と建物を平成28年中に売却する予定である。荒井さんの土地と建物の売却に係る所得税の計算に関する次の記述の空欄（ア）〜（ウ）にあてはまる語句の組み合わせとして，正しいものはどれか。

・土地と建物の売却による所得は（ア）所得として（イ）課税の対象となる。
・土地と建物の（ア）所得の金額は原則として，「譲渡収入－（ウ）－譲渡費用」により計算する。

1．（ア）譲渡　　（イ）総合　　（ウ）取得費
2．（ア）不動産　（イ）総合　　（ウ）必要経費
3．（ア）譲渡　　（イ）分離　　（ウ）取得費

## 問2

杉田佳宏さんは，妻と長女の3人で暮らしている。杉田さん家族の平成27年分の所得等が下記＜資料＞のとおりである場合，所得税に関する次の記述の空欄（ア）にあてはまる語句として，正しいものはどれか。

＜資料＞

| 氏　名 | 続　柄 | 年　齢 | 平成27年分の所得 | 職　業 |
|---|---|---|---|---|
| 杉田　佳宏 | 本人（世帯主） | 42歳 | 給与所得1,200万円 | 会社員 |
| 和子 | 妻 | 40歳 | 給与所得38万円 | パートタイマー |
| 麻美 | 長女 | 17歳 | 所得なし | 高校生 |

※平成27年12月31日時点のデータである。
※家族は全員，杉田佳宏さんと同居し，生計を一にしている。
※障害者または特別障害者に該当する者はいない。

> 杉田佳宏さんの平成27年分の人的控除に係る所得控除額は，基礎控除38万円，（ア）を合計した金額である。

1．配偶者控除38万円，扶養控除38万円
2．配偶者控除38万円，扶養控除63万円
3．配偶者特別控除38万円，扶養控除38万円

【第3問】下記の（問1）について解答しなさい。

(2016年5月　第6問)

## 問1

下記＜資料＞の宅地（貸家建付地）について，路線価方式による相続税評価額（計算式を含む）として，正しいものはどれか。なお，奥行価格補正率は1.0である。また，記載のない条件については一切考慮しないこととする。

102 | 第3章 タックスプランニング／不動産

<資料>

```
              （普通住宅地区内）
                 30 m
         ┌──────────────┐
         │              │
    20 m │   600 m²     │
         │              │
         └──────────────┘
         ←──── 150C ────→
```

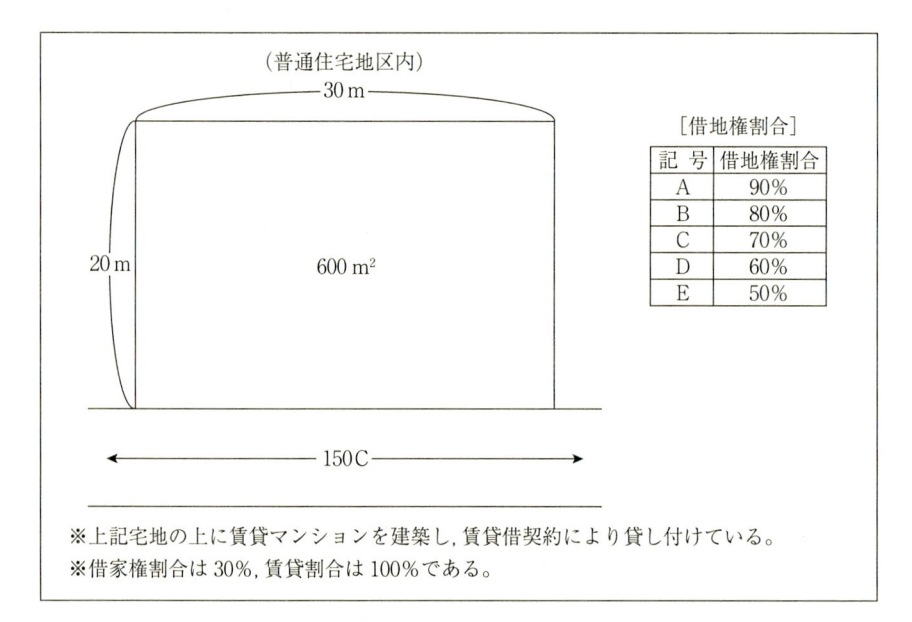

[借地権割合]

| 記号 | 借地権割合 |
|---|---|
| A | 90% |
| B | 80% |
| C | 70% |
| D | 60% |
| E | 50% |

※上記宅地の上に賃貸マンションを建築し，賃貸借契約により貸し付けている。
※借家権割合は30％，賃貸割合は100％である。

1．（150千円×1.0×600 m²）×（1－70％）＝27,000千円
2．（150千円×1.0×600 m²）×（1－30％）＝63,000千円
3．（150千円×1.0×600 m²）×（1－70％×30％×100％）＝71,100千円

【第4問】下記の（問1）～（問6）について解答しなさい。

(2016年5月 第7問)

《設 例》

　小坂徹也さんは，株式会社TAに勤める会社員である。徹也さんは，平成28年1月に第一子が生まれたこともあり，今後の生活設計についてFPで税理士でもある大場さんに相談をした。なお，下記のデータはいずれも平成28年4月1日現在のものである。

［家族構成（同居家族）］

| 氏　名 | 続　柄 | 生年月日 | 年　齢 | 職　業 |
|---|---|---|---|---|
| 小坂　徹也 | 本人 | 昭和59年8月20日 | 31歳 | 会社員 |
| 　　　杏奈 | 妻 | 昭和60年11月11日 | 30歳 | 会社員（※） |
| 　　　結衣 | 長女 | 平成28年1月19日 | 0歳 | |

※杏奈さんは，現在，育児休業取得中である。

［保有財産（時価）］　　　　　（単位：万円）

| 金融資産 | |
|---|---|
| 　普通預金 | 120 |
| 　定期預金 | 250 |
| 　財形住宅貯蓄 | 300 |
| 生命保険（解約返戻金相当額） | 40 |

［負債］
なし

［マイホーム］
　徹也さんは，定期預金250万円のうち200万円と，財形住宅貯蓄300万円の合計500万円を頭金とし，民間金融機関で2,000万円の住宅ローンを組んで，2,500万円のマンションを購入したいと考えている。

［その他］
　上記以外については，各設問において特に指定のない限り一切考慮しないこととする。

## 問1

FPの大場さんは、小坂家の（マンション購入後の）バランスシートを作成した。下表の空欄（ア）にあてはまる金額として、正しいものはどれか。なお、＜設例＞に記載のあるデータに基づいて解答することとし、＜設例＞に記載のないデータについては一切考慮しないこととする。

＜小坂家の（マンション購入後の）バランスシート＞　　　　　（単位：万円）

| [資産] | | [負債] | |
|---|---|---|---|
| 金融資産 | | 住宅ローン | ×××　|
| 　普通預金 | ××× | | |
| 　定期預金 | ××× | 負債合計 | ××× |
| 　財形住宅貯蓄 | ××× | | |
| 生命保険（解約返戻金相当額） | ××× | [純資産] | （ア） |
| 不動産（自宅マンション） | ××× | | |
| 資産合計 | ××× | 負債・純資産合計 | ××× |

1. 210（万円）
2. 500（万円）
3. 710（万円）

## 問2

徹也さんは、平成28年中にマンションを購入して、住宅借入金等特別控除（以下「住宅ローン控除」という）の適用を受けたいと考えており、住宅ローン控〔除〕ついてFPの大場さんに質問をした。

〔…〕ける住宅ローン控除に関する大場さんの次の説明のうち、最も不適〔切なものはどれ〕か。なお、購入するマンションは、認定長期優良住宅等には該〔当しない。〕

〔…〕額が所得税額より多く、住宅ローン控除額に残額が生〔じた場合、…個〕人住民税から差し引くことができます。」

〔…〕得金額が3,000万円を超えると、その年以降、合計

所得金額が3,000万円以下になったとしても，住宅ローン控除の適用を受けることができなくなります。」
3．「住宅ローン控除の適用を受けるためには，借入金の償還期間は10年以上でなければなりません。」

## 問3

徹也さんの父の貴之さんは，平成28年9月末に勤務先を定年退職する予定であり，定年退職時には退職一時金として2,300万円が支給される見込みである。この場合における貴之さんの所得税に係る退職所得の金額（計算式を含む）として，正しいものはどれか。なお，貴之さんの勤続年数は38年であるものとする。また，貴之さんは役員ではなく，障害者になったことに基因する退職ではないものとする。

＜参考：退職所得控除額の求め方＞

| 勤続年数 | 退職所得控除額 |
| --- | --- |
| 20年以下 | 勤続年数 × 40万円（最低80万円） |
| 20年超 | 800万円 + 70万円 ×（勤続年数 − 20年） |

1．2,300万円 − 2,060万円 × 1／2 ＝ 1,270万円
2．2,300万円 − 2,060万円 ＝ 240万円
3．（2,300万円 − 2,060万円）× 1／2 ＝ 120万円

## 問4

徹也さんと杏奈さんは，今後15年間で積立貯蓄をして，長女の結衣さんの教育資金として250万円を準備したいと考えている。積立期間中に年利2％で複利運用できるものとした場合，250万円を準備するために必要な毎年の積立金額として，正しいものはどれか。なお，下記＜資料＞の3つの係数の中から最も適切な係数を選択して計算し，解答に当たっては，百円未満を四捨五入すること。また，税金や記載のない事項については一切考慮しないこと。

<資料：係数早見表（年利2.0％）>

|  | 現価係数 | 減債基金係数 | 資本回収係数 |
|---|---|---|---|
| 15年 | 0.74301 | 0.05783 | 0.07783 |

※記載されている数値は正しいものとする。

1. 123,800円
2. 144,600円
3. 194,600円

## 問5

徹也さんの公的年金加入歴は下記のとおりである。仮に，徹也さんが現時点（31歳）で死亡した場合，徹也さんの死亡時点において妻の杏奈さんに支給される公的年金の遺族給付に関する次の記述のうち，最も適切なものはどれか。なお，徹也さんは，入社時（25歳で入社）から死亡時まで厚生年金保険に加入しているものとし，遺族給付における生計維持要件は満たされているものとする。

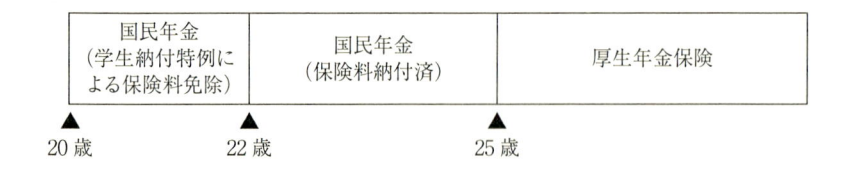

| 国民年金（学生納付特例による保険料免除） | 国民年金（保険料納付済） | 厚生年金保険 |
|---|---|---|
| ▲20歳 | ▲22歳 | ▲25歳 |

1. 遺族厚生年金が支給され，中高齢寡婦加算額が加算される。
2. 遺族厚生年金と寡婦年金が支給される。
3. 遺族基礎年金と遺族厚生年金が支給される。

1.「私傷病休業期間中の社会保険料は，所定の要件を満たした場合，被保険者および事業主とも支払いを免除されます。」
2.「介護休業期間中の社会保険料は，所定の要件を満たした場合，被保険者および事業主とも支払いを免除されます。」
3.「育児休業期間中の社会保険料は，所定の要件を満たした場合，被保険者および事業主とも支払いを免除されます。」

【第5問】下記の（問1），（問2）について解答しなさい。

(2016年1月　第3問)

問1
　建築基準法に従い，下記＜資料＞の土地に建築物を建築する場合の延べ面積（床面積の合計）の最高限度として，正しいものはどれか。なお，記載のない条件については一切考慮しないこととする。

＜資料＞

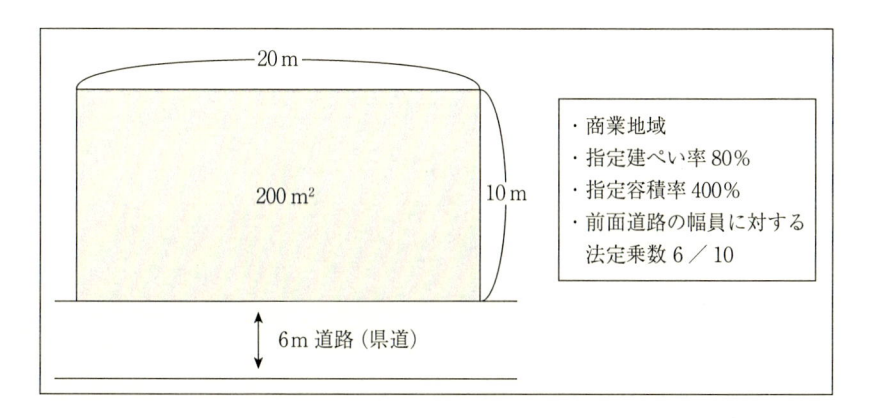

- 20 m
- 200 m²
- 10 m
- 6 m 道路（県道）
- ・商業地域
- ・指定建ぺい率 80％
- ・指定容積率 400％
- ・前面道路の幅員に対する法定乗数 6／10

1．160 m²
2．720 m²
3．800 m²

## 問2

下記<資料>の建築基準法に定める道路およびそれに接する建築物の敷地に関する次の記述の空欄（ア）～（ウ）にあてはまる数値の組み合わせとして，正しいものはどれか。なお，記載のない条件については一切考慮しないこととする。

<資料>

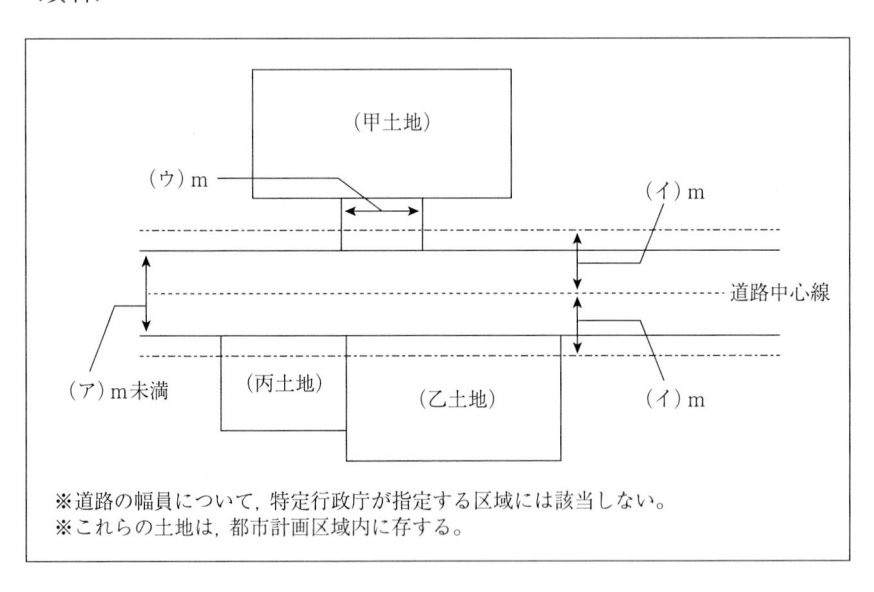

（甲土地）
（ウ）m
（イ）m
道路中心線
（ア）m未満
（丙土地）
（乙土地）
（イ）m

※道路の幅員について，特定行政庁が指定する区域には該当しない。
※これらの土地は，都市計画区域内に存する。

<資料>の道路は，建築基準法上の道路とみなされる2項道路であり，建築基準法が施行されるに至った際，すでに両側に建築物が立ち並んでいる幅員（ア）m未満の道路である。<資料>の場合，道路中心線から水平距離（イ）m後退した線がこの道路の境界線とみなされる。また，甲土地を建築物の敷地として利用する場合，甲土地は（ウ）m以上道路に接していなければならない。

1. （ア）　4　　（イ）　2　　（ウ）　2
2. （ア）　4　　（イ）　2　　（ウ）　4
3. （ア）　6　　（イ）　3　　（ウ）　4

【第6問】下記の（問1），（問2）について解答しなさい。

(2016年1月　第5問)

問1

　山田太郎さんの平成27年分の公的年金等の収入金額が下記＜資料＞のとおりである場合，山田さんの平成27年分の公的年金等の雑所得の金額として，正しいものはどれか。なお，山田さんは，下記＜資料＞以外に収入はないものとする。また，問題作成の都合上，源泉徴収票の一部を空欄（※※※）としている。

＜資料＞

（平成27年分）公的年金等の源泉徴収票

| 支払を受ける者 | 住所または居所 | 兵庫県神戸市中央区●▲◆1-2-345 | | | | |
|---|---|---|---|---|---|---|
| | 氏　名 | 山田　太郎 | | | | |
| | 生年月日 | 昭和22年10月18日 | | | | |
| 区　分 | | 支払金額 | | | 源泉徴収税額 | |
| 法203条の3第1号適用分 | | 0円 | | | 0円 | |
| 法203条の3第2号適用分 | | 1,820,000円 | | | 0円 | |
| 法203条の3第3号適用分 | | 0円 | | | 0円 | |
| 年金の種別 | 本人 | | | 控除対象配偶者の有無等 | | |
| 厚生老齢 | 特別障害者 | その他障害者 | 有 | 無 | 老人控除対象配偶者の有無 | |
| | | | | | 有 * | 無 |
| 控除対象扶養親族の数 | | 障害者の数（本人以外） | | | 社会保険料の金額 | |
| 特定 | 老人 | その他 | 特別 | その他 | ※※※円 | |
| 人 | 人 | 人 | 人（人） | 人 | | |
| (摘要) | | | | | | |

<公的年金等控除額の速算表>

| 納税者区分 | 公的年金等の収入金額 | 公的年金等控除額 |
|---|---|---|
| 65歳未満の者 | 130万円未満 | 70万円 |
| | 130万円以上 410万円未満 | 収入金額 × 25% + 37.5万円 |
| | 410万円以上 770万円未満 | 収入金額 × 15% + 78.5万円 |
| | 770万円以上 | 収入金額 × 5% + 155.5万円 |
| 65歳以上の者 | 330万円未満 | 120万円 |
| | 330万円以上 410万円未満 | 収入金額 × 25% + 37.5万円 |
| | 410万円以上 770万円未満 | 収入金額 × 15% + 78.5万円 |
| | 770万円以上 | 収入金額 × 5% + 155.5万円 |

1. 620,000 円
2. 990,000 円
3. 1,200,000 円

## 問2

　会社員の三上久雄さんは、どのような所得控除の適用を受けることができるのかについて、FPで税理士でもある吉田さんに相談をした。下記<資料>に基づき、久雄さんの平成27年分の所得税を計算する際の所得控除に関する吉田さんの次の説明のうち、誤っているものはどれか。

<資料>

| 氏　名 | 続　柄 | 年　齢 | 平成27年分の所得 | 職　業 |
|---|---|---|---|---|
| 三上　久雄 | 本人（世帯主） | 42歳 | 給与所得　520万円 | 会社員 |
| 　　真由美 | 妻 | 40歳 | 給与所得　35万円 | パート |
| 　　麻衣 | 長女 | 14歳 | 所得なし | 中学生 |
| 　　ヨネ | 母 | 72歳 | 所得なし | 無職 |

※平成27年12月31日時点のデータである。
※家族は全員、久雄さんと同居し、生計を一にしている。
※障害者または特別障害者に該当する者はいない。

1. 「妻の真由美さんは控除対象配偶者となるため，久雄さんは総所得金額等から38万円を控除することができます。」
2. 「長女の麻衣さんは一般の扶養親族となるため，久雄さんは総所得金額等から38万円を控除することができます。」
3. 「母のヨネさんは老人扶養親族の同居老親等となるため，久雄さんは総所得金額等から58万円を控除することができます。」

## 第1回 解答・解説 個人資産相続業務（金融財政事情研究会）

【第1問】

問1　3）　住宅を新築または増改築した際に受けることのできる**住宅借入金等特別控除**の要件を問う問題である。控除適用期間は，居住開始から**最長で10年間**であり，適用を受ける年の合計所得は，3,000万円以下である必要がある。

各年の**控除額**は，**年末ローン残高×控除率（1.0％）**で算出される。

問2　1）　**配偶者控除**は，同一の生計で年間の**合計所得が38万円以下**の配偶者に対して，**38万円の所得控除**を認める制度である。妻Bのように収入金額が80万円（103万円以下）であれば，配偶者控除が適用される。ここで，目安となる103万円の収入とは，給与所得控除65万円の適用後の所得が38（＝103 － 65）万円となる金額である。

問3　1）　Aさんの収入等に係る資料によれば，①給与収入800万円，②上場株式の譲渡所得の金額100万円とある。②は分離課税のため，総所得金額には含めないので，本問は，①に関する所得を算出すれば良いことになる。

**給与所得 ＝ 収入金額 － 給与所得控除**

問題資料によれば，収入金額800万円の給与所得控除額は200（＝ 800 × 10％ ＋ 120）万円なので，正解は600（＝ 800 － 200）万円となる。

【第2問】

問1　2）　不動産内容や権利内容について法務局に公示する**不動産登記記録**は，交付申請を行えば，誰でも記載内容を確認できる。**所有権**に関す

る事項は権利部甲区，所有権以外の権利（抵当権・賃借権・地上権）は権利部乙区に記載されている。

問2　1)　居住用建物の貸付けは非課税取引である。2，3は適切な記述である。

問3　2)　延べ面積の上限は，**敷地面積×容積率**　で求められる。容積率は，敷地前面道路の幅員が **12 m 未満**の場合に制限が設けられ，次の算式ABで求められる値と指定容積率のうち，少ない方の数値が容積率として適用される。

　　A 住宅系用途地域：前面道路の幅員 × 4/＝10
　　B その他用途地域：前面道路の幅員 × 6/10

　本問の場合，用途地域：第1種居住地域，前面道路幅員：6 m，指定容積率：200%であるから，A算式結果と200%を比較し，少ない値が容積率となる。

　　6 m × 4/10 = 240%，240 ＞ 200，よって，容積率200%

　したがって，敷地面積 320㎡ × 200% = 640㎡

## 【第3問】

問1　2)　給与所得者の場合は，通常，確定申告は不要であるが，①2カ所以上から給与を貰っている場合，②給与収入金額が2,000万円超，③給与所得・退職所得以外の所得が20万円超，④同族会社の役員等でその会社から資産の貸付けによる所得を得ている場合には，確定申告が必要となる。本問の場合，Aさんは③の要件が該当するため，確定申告が必要となる。つまり，一時所得となる生命保険金に係る所得が25（＝収入金額600 − 収入を得るために支出した額500 − 特別控除50 ÷ 2）万円となり，給与・退職所得以外の所得が20万円を超えるため，確定申告が義務付

けられる。**確定申告期間**の**2月15日～3月15日**はしっかり押さえておくこと。

問2　1）　給与収入96万円ということは，給与所得控除額65万円控除後の金額が31万円であり，**その年の所得の金額が38万円以下**であるため，**配偶者控除の適用範囲**である。よって，1は不適切。2，3は適切な記述である。

問3　1）　資料をもとに給与所得の金額を算出すると690（＝900－900×10％＋120）万円が求められる。問7で求めた一時所得25万円を加算し，715（＝690＋25）万円の総所得が算出される。

## 【第4問】

問1　2）　1，3は適切である。
　　2に関して，特定行政庁の指定した**角地に建築する場合**や，**防火地域に耐火建築物を建築する場合，10％の建ぺい率緩和**を受けることができる。しかし，本問にける甲土地は防火地域ではなく，角地でもないため，建ぺい率緩和の対象外である。

問2　2）　延べ面積の上限は，**敷地面積×容積率**で求められる。容積率は，敷地前面道路の幅員が**12m未満**の場合に制限が設けられ，次の算式ABで求められる値と指定容積率のうち，少ない方の数値が容積率として適用される。

　　A住宅系用途地域：前面道路の幅員×4/10
　　Bその他用途地域：前面道路の幅員×6/10

　　本問の場合，用途地域：第一種中高層住居専用地域，前面道路幅員：6m，指定容積率：200％であるから，A算式結果と200％を比較し，少ない値が容積率となる。

6 m × 4/10 = 240%，240 ＞ 200，よって，容積率200%

したがって，敷地面積300 m$^2$ × 200% = 600 m$^2$

**問3　3）**　**固定資産税の納税義務者**は，毎年1月1日（賦課期日）時点で土地・家屋の所有者として固定資産課税台帳に登録されている者である。

　　**固定資産税評価額**は，固定資産税や都市計画税を算出する基礎となるもので，3年ごとに見直され，**市町村が決定**する。

　　固定資産税の**標準税率は1.4%**であるが，各市町村は条例で税率を変更することができる。

## 第2回 解答・解説　保険顧客資産相談業務（金融財政事情研究会）

### 【第1問】

**問1　1）** 退職所得の計算は，（収入金額－退職所得控除）×1/2で計算される。退職所得控除額の計算については，勤続年数に応じて，下記ABのように算式が異なる。

A 勤続年数20年以下：40万×勤続年数（最低80万円）
B 勤続年数20年超　：800万＋70万×（勤続年数－20年）

本問の場合は，30年勤続のため，Bの算式が適用される。したがって，正しい算式は，1となる。

**問2　3）** **長期平準定期保険**は，保険期間満了時に**70歳を超え**，加入時の年齢に保険期間の2倍の数字を加算すると**105超**となる**定期保険**をいう。この保険の経理方法は，前半6割期間での保険料の支払いは2分の1の額を**定期保険料として損金算入**し，2分の1を**前払保険料として資産計上**する。したがって，本問における支払保険料210万円のうち，半額ごとに，定期保険料・前払保険料処理している3が正解となる。

**問3　2）** 1について，**無配当定期保険**は，保険会社からの配当がなされない定期保険であり，**支払保険料は全額損金算入可能**である。
　3について，掛捨て型保険である無配当定期保険の解約返戻金は，払込保険料を上回ることが無いため，役員退職金を準備する方法としては，長期平準定期保険等が適している。

## 【第2問】

**問1  2）** 損益通算可能な所得は，**不動産所得**，**事業所得**，**山林所得**，**譲渡所得**です。このうち，不動産所得，事業所得，山林所得は，青色申告の要件を満たせば，その特典として**最高65万円**の**青色申告特別控除**（期限後申告の場合は**最高10万円**）が適用される。

医療費控除の適用は，生計を一にする配偶者その他の親族の医療費支払額が**10万円**（総所得200万円未満の場合：**総所得×5％**）を超える場合に適用される。

**問2  3）** **生命保険料控除**は，**一般の生命保険料**，**個人年金保険料**，**介護医療保険料**の支払いに適用される。資料のように，平成24年1月1日以後とそれより前の契約とでは，控除額が異なるが，本問の場合は，終身保険も個人年金保険も旧制度が適用されるため，それぞれ**5万円**ずつ，計10万円の控除額が適用される。

**問3  1）** 所得に係る資料から，総所得に関する所得は，事業所得・不動産所得・保険金に関する一時所得である。事業・不動産所得については**損益通算**を行う。一時所得の計算に関しては，下記算式をもとに算出する。

収入金額 − 収入を得るために支出した金額 − 特別控除（最高）50万円

一時所得＝満期保険金530万 − 払込保険料500万円 − 特別控除30万円
　　　　＝ゼロ

したがって，

事業所得800万 − 不動産所得50万円 ＋ 一時所得ゼロ ＝ 750万円

# 第3回 解答・解説 資産設計提案業務（日本ファイナンシャル・プランナーズ協会）

【第1問】
問1　1）　建築面積の上限は，敷地面積×建ぺい率で求められる。
　　　　問題資料より，敷地面積450㎡×建ぺい率60％＝270㎡が算出される。

問2　1）　不動産の登記記録に関しては，下表のように整理しておくと良い。

| 登記の種類 | 記載場所 | 内　容 |
|---|---|---|
| 表示に関する登記 | 表　題 | 不動産の所在地，種類，面積等 |
| 権利に関する登記 | 権利部甲区 | 所有権に関する事項 |
| 権利に関する登記 | 権利部乙区 | 所有権以外の権利に関する事項（抵当権・賃借権・地上権） |

【第2問】
問1　3）　所得税に関する譲渡所得についての問題である。
　　　　土地・建物の売却による譲渡所得は，分離課税の対象区分となり，所得の計算式は下記のとおりである。

　　　　**土地・建物の譲渡に係る所得＝総収入金額－（取得費＋譲渡所得）**

問2　1）　配偶者控除は，同一生計の配偶者の**年間所得が38万円以下**であれば，38万円の所得控除が適用される。一方，扶養控除の要件は，同一生計で年間所得が**38万円以下の扶養親族（16歳以上）**を対象としている。本問資料により，妻の和子・長女の麻美はそれぞれ配偶者控除・扶

養控除の適用対象となる。

## 【第3問】

問1　3）　貸家建付地に関する問題である。

貸家建付地の評価額 ＝ 自用地評価額 ×（1 － 借地権割合 × 借家権割合 × 賃貸割合）

自用地評価額 ＝ 路線価 × 奥行価格補正率 × 敷地面積

資料で与えられた数値を上記算式に算入すると 3 が正解となる。

## 【第4問】

問1　3）　**純資産**は，**資産と負債の差額**で求められる。

バランスシートに記載されている資産科目ごとに資料の金額を合算し，資産合計から負債合計を差し引けば解答が導かれる。注意すべきは，定期預金の 200 万円，財形住宅貯蓄の 300 万円はマンション購入の頭金に使用されているため，当該金額を除いた資産合計を算出する必要がある。

資産合計：普通預金 120 万 ＋ 定期預金 50 万 ＋ 生命保険返戻金 40 万 ＋ マンション 2,500 万 ＝ 2,710 万円

負債合計：住宅ローン 2,000 万円

したがって，純資産は 710（＝ 2,710 － 2,000）万円となる。

問2　2）　1，3 は適切。

2 について，住宅借入金等特別控除を受けるには，その年の合計所得が 3,000 万円以下である必要がある。ただし，ある年度に所得限度額を超えてしまっても，その後また限度額を下回れば，再度，住宅借入金等特別控除が適用される。

問3　3）　勤続年数が20年を超える場合の退職所得の計算は次のとおりである。

**退職所得＝収入金額－退職所得控除額（800万円＋70万円×（勤続年数－20年））×1/2**

資料の金額を算入すると，次のように解答される。

退職所得 ＝ 2,300万円 －（800万円 ＋ 70万円 ×（38年 － 20年））× 1/2

120万円 ＝（2,300万円 － 2,060万円）× 1/2


問4　2）　**目標額×減債基金係数＝毎年の積立額**に与えられた数値を算入すると次のように解答される。

目標額250万円 × 減債基金係数0.05783 ＝ 144,575

百円未満四捨五入により，144,600円


問5　3）　公的年金の被保険者が死亡した場合，遺族に対して遺族基礎年金や遺族厚生年金が支給される。

　子供や子供のいる配偶者が支給対象となる**遺族基礎年金**の支給要件は，次のとおりである。

　　配偶者の場合：**被保険者**の死亡当時，生計維持関係にあり，子どもと同一生計。
　　子の場合　　：被保険者の死亡当時，生計維持関係にあり，**18歳未満**（18歳到達年度末まで可），または**20歳未満で障害有り**，かつ，**結婚していない**。

　**遺族厚生年金**は，厚生年金保険の被保険者が死亡した場合，その被保険者によって生計を維持されていた配偶者および子，父母，孫，祖父母（←支給順位順）に，支給される。

なお，夫死亡時に40歳以上で子のいない妻や，子があってもその子が遺族基礎年金における加算対象外となったときに40歳以上の妻には，**遺族厚生年金に中高齢寡婦加算が加算**され，**寡婦年金**は，子のない妻に対し，60歳から老齢基礎年金の支給開始年齢まで支給される。

したがって，現時点で徹也さんが死亡した場合に，妻の杏奈さんには0歳の結衣さんがいるため，遺族基礎年金が支給され，徹也さんに生計を維持されていた妻の杏奈さんには，遺族厚生年金も支給される。

問6　3）　3が適切である。

1について，**私傷病休業**（プライベート時の病気やケガによる休業）期間中は，**事業主・被保険者とも社会保険料負担が発生**する。

2について，**介護休業期間中は，事業主・被保険者とも社会保険料負担が発生**する。

## 【第5問】

問1　2）　延べ面積の上限は，**敷地面積×容積率**で求められる。容積率は，敷地前面道路の幅員が**12m未満**の場合に制限が設けられ，次の算式ABで求められる値と指定容積率のうち，少ない方の数値が容積率として適用される。

　**A住宅系用途地域：前面道路の幅員 × 4/10**
　**Bその他用途地域：前面道路の幅員 × 6/10**

本問の場合，用途地域：商業地域，前面道路幅員：6m，指定容積率：400％であるから，B算式結果と400％を比較し，少ない値が容積率となる。

　6m × 6/10 = 360％，360 < 400，よって，容積率360％

したがって，敷地面積200 $m^2$ × 360％ = 720 $m^2$

問2　1）　**2項道路**とは，建築基準法上の道路として，**都市計画区域にある幅4m未満の道**をいう。2項道路の場合，中心から**2m後退**した線がその道路の**境界線**とみなされ，周辺の建物を建て直す場合には，この境界線まで下がって立て直す（セットバック）必要がある。

また，都市計画区域・準都市計画区域内では，建築物の敷地は，**原則幅員4m以上の道路に2m以上接することは認められない**（接道義務）。

## 【第6問】

問1　1）　山田太郎さんは平成27年末時点で68歳（昭和22年10月18日生まれ）のため，納税者区分は65歳以上の者となる。資料の速算表により，65歳以上で年金収入330万円未満の場合，公的年金等控除額は120万円である。

したがって，下記算式のとおりに公的年金等の雑所得が算出される。

**公的年金等の雑所得 ＝ 年金収入 － 公的年金等控除額**
62万円 ＝ 182万円 － 120万円

問2　2）　1，3は正しい記述である。

2について，同一生計で年間の合計所得額が38万円以下の親族に適用される扶養控除は，通常16歳以上が対象であるため，14歳の長女麻衣さんは，扶養控除の対象外となる。

《著者紹介》

**井上行忠**（いのうえ・ゆきただ）担当：第1章
国士舘大学大学院経営学研究科博士課程単位取得退学。
嘉悦大学経営経済学部教授。

**主要著書**
『会計ファイナンシャル検定　オフィシャルテキスト』（共著）税務経理協会，2011年。
『全経簿記検定2・3級問題集』（単著）創成社，2014年。
『租税法入門』（共著）同文舘出版，2016年。
『FP技能検定＜学科試験＞3級完全攻略問題集』（共著）創成社，2016年。

**森谷智子**（もりや・ともこ）担当：第2章
明治大学大学院経営学研究科博士後期課程修了　博士（経営学）。
嘉悦大学経営経済学部准教授。

**主要著書**
『テキスト経営分析』（共著）税務経理協会，2014年。
『テキスト財務管理論［第5版］』（共著）中央経済社，2015年。
『テキスト現代企業論［第4版］』（共著）同文舘出版，2015年。
『FP技能検定＜学科試験＞3級完全攻略問題集』（共著）創成社，2016年。

**酒井翔子**（さかい・しょうこ）担当：第3章
国士舘大学大学院経済学研究科博士課程修了　博士（経済学）。
嘉悦大学経営経済学部専任講師。

**主要著書**
『租税法入門』（共著）同文舘出版，2016年。
『FP技能検定＜学科試験＞3級完全攻略問題集』（共著）創成社，2016年。

（検印省略）

2016年11月20日　初版発行　　　　　　　　　略称―FP検定実技

# FP技能検定＜実技試験＞
# 3級完全攻略問題集

著　者　井上行忠・森谷智子・酒井翔子
発行者　塚　田　尚　寛

発行所　東京都文京区　　株式会社　創　成　社
　　　　春日2-13-1
　　　　電　話 03（3868）3867　　FAX 03（5802）6802
　　　　出版部 03（3868）3857　　FAX 03（5802）6801
　　　　http://www.books-sosei.com　振替 00150-9-191261

定価はカバーに表示してあります。

©2016 Yukitada Inoue　　　組版：トミ・アート　印刷：Ｓ・Ｄプリント
ISBN978-4-7944-2489-1 C3034　製本：宮製本所
Printed in Japan　　　　　　落丁・乱丁本はお取り替えいたします。

――――― 経営選書 ―――――

|  |  |  |  |
|---|---|---|---|
| FP技能検定＜実技試験＞3級完全攻略問題集 | 井上行忠／森谷智子／酒井翔子 | 著 | 1,300円 |
| FP技能検定＜学科試験＞3級完全攻略問題集 | 井上行忠／森谷智子／酒井翔子 | 著 | 1,300円 |
| 投資初心者のための資産運用 | 藤波大三郎 | 著 | 1,600円 |
| 人生を豊かにする簿記 ― 続・簿記のススメ ― | 上野清貴 | 監修 | 1,600円 |
| やさしく学ぶ経営学 | 海野博／畑隆 | 編著 | 2,600円 |
| 豊かに暮らし社会を支えるための 教養としてのビジネス入門 | 石毛宏 | 著 | 2,800円 |
| テキスト経営・人事入門 | 宮下清 | 著 | 2,400円 |
| 東北地方と自動車産業 ―トヨタ国内第3の拠点をめぐって― | 折橋伸哉／目代武史／村山貴俊 | 編著 | 3,600円 |
| おもてなしの経営学［実践編］ ―宮城のおかみが語るサービス経営の極意― | 東北学院大学経営学部おもてなし研究チーム／みやぎ おかみ会 | 編著／協力 | 1,600円 |
| おもてなしの経営学［理論編］ ―旅館経営への複合的アプローチ― | 東北学院大学経営学部おもてなし研究チーム | 著 | 1,600円 |
| おもてなしの経営学［震災編］ ―東日本大震災下で輝いたおもてなしの心― | 東北学院大学経営学部おもてなし研究チーム／みやぎ おかみ会 | 編著／協力 | 1,600円 |
| 経営財務論 | 小山明宏 | 著 | 2,800円 |
| イノベーションと組織 | 首藤禎史／伊藤友章／平安山英成 | 訳 | 2,400円 |
| 経営情報システムとビジネスプロセス管理 | 大場允晶／藤川裕晃 | 編著 | 2,500円 |

（本体価格）

――――― 創 成 社 ―――――